Le zen & l'art d'élever des poules

Le zen & l'art d'élever des poules

Clea Danaan

rustica éditions

Sommaire

Introduction 6

Chapitre un
Quel est le son d'une seule aile qui bat ? 12

Chapitre deux
L'esprit de la poule,
L'esprit du débutant 36

Chapitre trois
Couper du bois, nourrir les poules 62

Chapitre quatre
La poule ou l'œuf ? 88

Chapitre cinq
L'esprit de la poule est insaisissable 122

Annexes 138

Introduction

Je suis assise dans l'herbe sous notre pommier nain. Une douce brise me rafraîchit la peau. Ma fille babille avec animation, tout en essayant de ne pas bouger. Elle voudrait que Maisy, notre poule Orpington Fauve, vienne picorer un brin d'herbe qu'elle serre dans son petit poing. La poule la regarde, curieuse, méfiante, puis se dandine et saisit le brin. Ma fille sourit ; son visage s'épanouit. Maisy, du fond de la gorge, émet une réflexion de poule puis s'éloigne et rejoint ses trois compagnes qui grattent à la recherche d'insectes.

Un avion passe, laissant une traînée blanche dans le ciel bleu. Les chiens du voisin aboient furieusement contre un passant… ou contre le vent. Le bus n° 10 brinquebale dans la rue. Notre jardin, outre la rhubarbe, le maïs, les carottes et le gros tas de compost dans un coin, s'enorgueillit d'un drôle de poulailler rouge foncé. Pourtant, nous ne sommes pas en rase campagne.

Nous vivons dans la banlieue hétéroclite, économiquement et ethniquement parlant, d'une grande métropole. Une clôture grillagée, masquée par un écran de bambou, donne sur trois propriétés voisines. Les maisons de notre rue datent des années 1950 et ont de petits terrains. Rien à voir avec des fermes ! Nous nous y sommes établis pour être proches de l'hôpital où travaille mon mari. Mais pour ma part, ayant grandi dans un environnement rural (mais pas dans une ferme), je rêvais d'être plus proche de la terre, de vivre de ma propre production. Et c'est pourquoi, comme bien d'autres banlieusards, nous avons décidé d'élever des poules.

> La chose la plus importante
> est d'exprimer votre vraie
> nature de la manière la plus
> simple et la plus adéquate
> possible, et
> de l'apprécier dans l'existence
> la plus modeste.
>
> SHUNRYU SUZUKI [1]

À l'heure actuelle, le petit élevage de poules semble très à la mode. Sur Internet, les sites proposant des conseils sont légion et on peut se procurer en ligne mille livres qui détaillent comment démarrer un petit élevage. Les magazines branchés glosent avec lyrisme sur la facilité et l'extraordinaire plaisir de ramasser soi-même de beaux œufs. Tout cela s'intègre dans l'idéologie du retour à la terre, d'une vie plus proche de la nature. Élever des poules, comme l'a écrit une journaliste, « a été une activité emblématique de l'autosuffisance à un moment où les occupations de ce type étaient à nouveau appréciées, comme une exaltation du travail manuel, un rejet de la vie étouffante et stéréotypée » [2]. Nous voulons renouer avec la terre et mieux contrôler ce que nous mangeons. Nous voulons une vie plus simple et plus

À l'heure actuelle, le petit élevage de poules semble très à la mode.

> Le véritable objet [du zen] est de voir les choses telles qu'elles sont, d'observer les choses telles qu'elles sont, et de laisser aller toute chose comme elle va.
>
> Shunryu Suzuki [3]

authentique – un esprit apaisé, un corps en phase avec la pulsion de la terre.

On peut donc dire que nous voulons une existence plus zen. À une époque où le téléphone mobile est en permanence dans notre poche, où l'on fait ses achats sur Internet, où nous travaillons cinquante heures par semaine et où il nous faut attendre trois heures dans les aéroports pour embarquer, nous avons besoin de nous asseoir sur une colline et de simplement donner un brin d'herbe à une poule. Il suffit d'évoquer la chose pour, déjà, respirer plus librement. Nous avons besoin de ralentir ; de nous poser ; de regarder les nuages. Les petites poules nous rappellent à notre vraie nature.

Être dans son jardin et prendre dans sa main un œuf encore tout chaud est une expérience éminemment apaisante. On sent le silence s'installer en soi. On prend conscience que l'on respire. Les choses sont conformes à ce qu'elles doivent être : la main, l'œuf, la poule qui gonfle ses plumes…

Prendre dans sa main un œuf encore tout chaud est une expérience apaisante.

> Votre pratique spirituelle ne se déroule nulle part ailleurs que dans votre vie, maintenant, et votre vie n'est nulle part ailleurs que là où vous êtes.
>
> KAREN MAEZEN MILLER [4]

Que l'on soit bouddhiste, chrétien, polythéiste ou de toute autre obédience – ou un peu tout à la fois, comme moi –, la spiritualité est intimement liée au lieu dans lequel on évolue. Dans le bouddhisme zen, on s'assoit parmi les choses et on s'ouvre à ce qu'elles enseignent, au flux de la vie. Mon but est d'être présente à ce que je fais, dans la compassion et le souci d'un développement personnel : dans mon activité de mère et d'écrivain, lors de mon travail au jardin, avec mon élevage.

Ce livre vous invite à faire de même. Consacrez-vous à ce qui vous importe vraiment : un élevage de poules, une vie moins dépendante, l'avènement d'un monde où chacun se sent responsable de tous au sein d'une vaste communauté. Les chapitres qui suivent ont pour objet de souligner la dimension spirituelle de cette pratique toute simple qu'est l'élevage. Le bouddhisme zen, parce qu'il insiste sur la présence et la compassion, permet de placer cette activité dans le cadre d'une vie plus spirituelle. J'y ajouterai ici et là divers aspects, un brin de sagesse emprunté à d'autres croyances qui m'importent. Et aussi, car tout est lié, quelques éléments de psychologie sur la nature humaine.

En quelques notions, il faut savoir qu'un élevage de poules, c'est également :

- **Un moyen de contrôler sa propre nourriture.**
- **Un refus de consommer des œufs « produits » industriellement.**
- **Une déclaration d'indépendance – même modeste – vis-à-vis des grands groupes alimentaires qui instrumentalisent l'animal.**
- **Un acte militant pour une société plus juste et basée sur le développement durable.**

POULE À POULE

Lorsque l'on décide d'élever des poules ou d'autres petits animaux, on sent quelque chose changer en soi. C'est un peu comme la méditation : le simple fait d'être attentif à sa respiration permet d'accéder à un autre état. L'élevage remue ainsi toutes les idées qui circulent sur la vie, la mort, la nourriture et la responsabilité personnelle.

Ce livre explore en partie ces domaines. Que signifie prendre des responsabilités ? Pourquoi tant de gens des villes veulent-ils aujourd'hui jouer à être des « petits fermiers urbains » ? Que nous enseignent sur nous-mêmes nos amies à plumes et l'art de les élever ? Que vous ayez de l'expérience dans ce domaine ou que vous envisagiez de vous lancer, ce

> Depuis le moment où le soleil apparaît, nous sommes dans la recherche constante de l'éveil. Picorer, gratter, creuser et becqueter sont des exercices bien rodés de cette longue tradition d'exploration, aussi bien qu'une source d'alimentation. En devenant plus attentif à nos sources d'alimentation et en profitant de la voie de la cueillette, nous cultivons l'esprit.
>
> LYNN BRUNNELLE [5]

livre vous aidera à mieux envisager la manière de mener votre vie spirituelle. Le simple fait de prendre soin de quelques poules peut en effet élargir vos perspectives.

La poule n'essaie jamais d'être ce qu'elle n'est pas. Elle ne s'écarte pas de la « gallinacité ». Elle ne fait qu'exprimer sa véritable nature. Parce que la poule représente quelque chose, une certaine manière de vivre, un choix de vie sur cette planète, l'élever peut être une façon d'opter pour une vie plus spirituelle.

Rejoignez-moi sous mon pommier nain. Écoutons ce que ces oiseaux peuvent nous apprendre pour changer le monde et nous-même pas à pas – poule à poule !

CHAPITRE UN

QUEL EST LE SON D'UNE SEULE AILE QUI BAT ?

Quel est le son d'une seule main qui applaudit ? Ce koan zen évoque un silence plus profond, l'espace au-delà du silence, vers l'unité avec le Grand Mystère. En revanche, le son d'une seule aile qui bat est fort loin du silence – il suffit d'essayer d'attraper un oiseau récalcitrant pour le savoir. Flap, flap, flap. La poule annonce sa présence avec sa détermination lisse et plumeuse. Elle est là. Quels sont les possibles ? Que peut-elle nous apprendre pour vivre en harmonie avec les autres, avec la Terre et avec nous-mêmes ?

LES AILES DU CHANGEMENT

Nous vivons une époque passionnante. Chacun de nos actes affecte la santé et le bien-être du reste de la planète. À travers nos décisions quotidiennes individuelles et collectives – petit ou grand choix pour manger, voyager, se chauffer, éduquer les enfants, faire le ménage –, nous créons un monde qui nous hébergera pour longtemps ou bien qui périra.

Il est parfois difficile de savoir quel est le meilleur choix du point de vue de l'environnement, de la solidarité, du politiquement correct ou bien encore de la santé. Il arrive qu'il y ait des conflits et des contradictions entre ces objectifs : par exemple, quand on se demande s'il faut être végétarien, quelles couches pour bébé ou quelle voiture acheter. Dans un monde global, nos choix, nos décisions et leurs conséquences nous dépassent bien souvent.

Mais il y a en fait un choix qui donne un sens au reste. Cette aile qui bat évoque une vague de compassion, de vie saine et d'écologie.

Cette petite aile, quand on envisage d'avoir des poules productrices d'œufs, alliées du jardin et animaux de compagnie, soulève un nuage de poussière de changement. Quel est le son d'une seule aile qui bat ? Le son d'une bonne relation, consciente, avec la planète et avec les différents êtres vivants qui la peuplent.

Anciens koans sur les poules

Un koan, en japonais, est une question paradoxale. Littéralement, le mot signifie « document public ». Ce terme n'est pas sans rapport avec les poules. Notre manière publique de pratiquer la pleine conscience est l'apanage des fermes, poulaillers et jardins depuis des millénaires, mais ce n'est que récemment qu'on en a perçu la profondeur. Et un koan est apparu pour évoquer une sorte de réflexion basée sur les actes des fameux maîtres ès volailles. C'est une devinette déconcertante, sans réponse, sans logique et sans rapport.

Réfléchissez à ces questions :

Pourquoi la poule traverse-t-elle la route ?

Quel est le sens d'une seule aile qui bat ?

Qu'est-ce qui vient d'abord : la poule ou l'œuf ?

Un nid vide est-il réellement vide ?

Lynn Brunnelle [6]

Le son d'une seule main qui applaudit invite au vide silencieux de la conscience unifiée. Mais, si c'est là la fin de notre voyage spirituel, ici et maintenant, sur cette planète, nous vivons dans un monde relatif – dans un corps, dans une communauté, avec les aliments naturellement disponibles. Il faut sans cesse prendre en compte ces deux mondes, le relatif et l'absolu, notamment pour élever des poules. Notre lien avec le Tout passe par la vie quotidienne et l'unité saine avec les autres, aussi bien que par le vaste Silence. Le son d'une seule main qui bat est une voie vers l'éveil ; le son d'une seule aile qui bat mène de même à un monde de conscience et d'éveil.

Aussi, à un niveau relatif, examinons pourquoi élever des poules favoriserait un nouveau monde de compassion et d'intégration. Et d'abord, pourquoi élever des poules ?

POURQUOI ÉLEVER DES POULES ?

On choisit d'élever des poules pour diverses raisons. C'est souvent un moyen simple et amusant de réaliser un rêve. Beaucoup rêvent d'une vie et d'aliments en phase avec la terre, avec les cycles de vie. D'autres souhaitent que leurs enfants sachent d'où vient ce qu'ils mangent et acquièrent le sens des responsabilités en s'occupant d'animaux. Pour d'autres, c'est une madeleine de Proust, le souvenir d'une grand-mère qui avait un poulailler. Beaucoup veulent changer leur rapport au temps : attendre qu'un œuf soit pondu, regarder une poule gratter… Pour rire davantage, remercier davantage, aimer davantage.

Les poules ne manquent pas d'atouts. Faciles à élever, elles fournissent de l'engrais et des œufs, occupent peu d'espace et sont amusantes à regarder. Les élever nous apprend beaucoup de choses sur la vie et la mort.

Elles permettent de contrôler sa nourriture. Et elles donnent la possibilité de faire un compromis : pour en élever, il n'est pas nécessaire d'avoir un grand terrain et il est donc possible de se rapprocher de la nature sans emménager dans une ferme, d'être un petit producteur en zone urbaine !

Le plaisir d'élever des poules est peu partagé. La joie de prendre des poussins dans ses mains, au printemps, est bien connue d'une poignée d'amateurs et de quelques jardiniers bio. Mais le grand public le voit comme une bizarrerie. La vie est si compartimentée : les aliments d'un côté, les hobbies de l'autre, les animaux de compagnie au chaud sur le canapé… Mais tout combiner, cela dépasse l'imagination ! Avant les années 1950, avoir un poulailler en banlieue n'était pas rare.

> Les poules n'ont pas toujours joui pas d'une réputation honorable parmi les gens des villes alors que l'œuf, je le remarque, a toujours été bien coté. Aujourd'hui, la poule est à la mode. La guerre l'a déifiée et elle est le chouchou du front de l'arrière, fêtée dans les conférences, vantée dans les automobiles pétaradantes, et ses manières élégantes et ses mœurs curieuses sont décortiquées par maints spécialistes fébriles pour qui, hier encore, elle n'était qu'une étrangère sans honorabilité ni attrait.
>
> E. B. White [7]

Après 1945, la science s'est imposée avec Spoutnik, la télévision et les antibiotiques et on a oublié les poules. Mais voilà qu'aujourd'hui, elles recommencent à gratter et à caqueter dans les jardins urbains, sur toute la planète.

Les œufs de notre poulailler

Quand j'étais enfant, ma meilleure amie avait des poules. J'adorais prendre un panier pour aller chercher les œufs. J'avais un peu peur quand une poule était dans le pondoir. Je n'osais pas glisser la main sous son chaud plumage ni même entrer seule dans l'enclos. Mais leur glisser des friandises et les regarder se disputer et gratter était à chaque fois très amusant !

Beaucoup plus tard, j'ai étudié les modes de culture biologique et j'ai été bénévole dans une ferme biologique. Un après-midi, on m'a demandé d'apporter de l'herbe à un nouveau parquet de poussins. Pénétrer dans le hangar chaud, sentant le foin et être assiégée par deux douzaines de poussins de cinq semaines m'a fait bondir le cœur. Des poussins ! Ce jour-là, j'ai attrapé la fièvre des poussins, même s'il a fallu du temps pour que les symptômes apparaissent. L'idée d'avoir mon propre élevage de poules a mûri peu à peu. Je rêvais du bonheur d'être fermière – sans les énormes responsabilités d'une ferme. Je voulais que mes enfants sachent comment poussent les tomates, d'où viennent les œufs et les autres sources de protéines. Je rêvais au poulailler de mon enfance et je voulais que mes enfants (et moi !) connaissent le plaisir et la fierté de ramasser les œufs de « notre » poulailler. Mais nous n'étions pas riches et je doutais que nous puissions acheter un vrai poulailler. J'avais vu un petit modèle, proposé en diverses couleurs à la mode, mais les deux poules qu'il pouvait contenir me semblaient trop peu. J'ai voulu le construire, mais mes connaissances en menuiserie étaient limitées – malgré la scie électrique offerte par mon mari, pour m'encourager. Et quel bois choisir ?

Et puis, un ami m'a donné un lot de bois. Mon mari l'a entreposé dans le jardin. Il y est resté deux mois et il a été recouvert par une chute de neige. J'ai observé ces diverses planches. Je les ai empilées et réempilées, et c'est ainsi que l'inspiration m'est venue pour construire une petite maison pour poules. Je me suis décidée – avec le risque de faire une cabane à la Robinson Crusoé. Le palais a pris peu à peu forme dans mon esprit. Je me suis mise en même temps en quête de races de poules à la fois douces, bonnes pondeuses et rustiques. J'en ai choisi quatre : Orpington Fauve, Australorp Noire, Rhode Island Rouge et Easter Egger. Pour diminuer les frais, j'ai commandé des poussins avec une amie – dont quatre pour moi. Et j'ai emprunté une cage à chats pour les accueillir.

Une fois les poussins chez moi, j'ai calculé : ils allaient avoir leur plumage définitif – et pourraient alors sortir – à la mi-mai. D'ici là, il me fallait leur construire une maison à l'épreuve des prédateurs. Les quatre boules de duvet pépiaient dans mon bureau, berçant mon travail d'écrivain.

Les chats étaient interdits dans la pièce et ma fille de trois ans dûment avertie qu'il ne fallait pas les manipuler ou bien avec de grandes précautions.

Mais le travail urgeait ! J'ai donné à ma fille, pour l'occuper, un paquet de graines de carotte – cette année-là, nous avons eu des carottes dans les lieux les plus hétéroclites ! – et, avec mon mari, nous avons construit un drôle de petit poulailler avec une porte en forme d'œuf et un perchoir. C'était la première chose que nous construisions à deux et après coup, j'ai pu dire qu'« on pouvait finalement fabriquer un poulailler sans s'entre-tuer ». Quelle fierté d'avoir réussi !

Faits et bienfaits

L'élevage des poules permet d'apprendre à se débrouiller et apporte de nombreux bienfaits. Je m'attendais à avoir des œufs frais et nutritifs, mais cette activité m'a apporté bien d'autres profits : des preuves d'amitié, avec le don du bois et de la cage, une preuve d'amour, mon mariage ayant résisté à la construction du poulailler, la connaissance d'un groupe de petits fermiers urbains sur Internet (qui m'a conseillée pour observer la réglementation en vigueur) et la découverte de mes propres ressources : fabriquer un poulailler avec une fille de trois ans, tout en étant enceinte de six mois !

Mesurer ses ressources, c'est aussi retourner aux sources. L'élevage m'a renvoyée à une époque où chacun devait chaque jour trouver sa nourriture. J'avais fait un premier pas dans cette direction. Imaginez : un matin de printemps, ouvrir le pondoir et trouver un bel œuf bien coloré pour le petit-déjeuner ! Parfois même, le cuisiner avec les tomates et les aromates venant eux aussi du jardin ! J'avais oublié ma peur enfantine des poules et leurs beaux œufs me remplissaient de joie. Et il en est toujours ainsi !

Je suis fière de faire quelque chose de différent de ce qui est considéré comme « normal » pour une femme dans un petit jardin, de participer à ce mouvement qui dit que nous pouvons créer un monde plus responsable, sans gaspillage.

L'élevage de poules permet d'apprendre à se débrouiller et apporte de nombreux bienfaits.

Renverser le royaume de l'illusion

Beaucoup de gens se tournent vers l'élevage pour « sortir de l'ignorance ». Pourquoi ? Car, à travers cette démarche, se manifeste la possibilité d'une nouvelle vie, la possibilité de briser la séparation entre le producteur-agriculteur et les autres. C'est une chance de pouvoir se libérer ainsi de la cage tressée par l'industrie et par l'automatisation.

Lorsque je m'interrogeais sur les raisons des choix de certaines personnes, j'ai trouvé des réponses dans l'étude de la spirale dynamique et la théorie du comportement humain des psychologues américains Clare Graves et Don Beck. Selon Graves, la « psychologie de l'être humain mature est un processus en déploiement, émergent, oscillant, en spirale, marqué par une subordination progressive des systèmes de comportement, d'ordre inférieur, par des systèmes nouveaux, d'ordre supérieur, les problèmes existentiels de l'homme se modifiant » [8]. Don Beck a repris le travail de Clare Graves pour dresser un système plus accessible de phases de développement – appelées « mèmes » – afin d'examiner la manière dont une personne, une communauté ou une institution se rapporte à une circonstance particulière. Sans expliciter ici cette « mémétique », j'ai trouvé utile d'appliquer cette spirale dynamique à cette question : pourquoi l'élevage de poules est-il aujourd'hui si populaire ?

Quel est le son d'une seule main qui applaudit ?

Quand on applaudit des deux mains, on fait entendre un bruit retentissant ; quand on lève une seule main, il n'y a ni bruit ni odeur. Est-ce là le « Ciel Supérieur » dont parle Confucius ? Ou est-ce l'essence que Yamamba décrit en ces termes : « L'écho d'une vallée parfaitement vide apporte des nouvelles du bruit sans bruit » ? C'est quelque chose qui ne s'entend pas avec les oreilles. Si l'on n'y mêle pas conception et discrimination et si elle est préservée de toute vue, écoute, perception et investigation, et si, debout, assis, allongé ou en marchant, vous étudiez simplement ce koan sans interruption, vous arracherez brusquement la racine karmique de la naissance et de la mort et briserez la caverne de l'ignorance. Vous atteindrez une paix dans laquelle le phénix a laissé le filet d'or et où la grue a pu sortir libre du panier. Alors, le fondement de l'esprit, de la conscience et de l'émotion est brusquement fracassé ; le royaume de l'illusion qui sans cesse fait naufrage dans le cycle de la naissance et de la mort est renversé.

Yabukoji [9]

Le nombre croissant de petits élevages témoigne d'un souci d'assumer ses responsabilités, pour nous, pour notre communauté, pour la terre. Ce choix porte sur les ressources : quelles sont-elles et comment les gérer ? Avant les années 1950, avoir un poulailler relevait du besoin de protéger la cellule familiale, d'assurer sa subsistance. L'intérêt s'est ensuite déplacé vers le royaume des affaires, l'économie globale et même le contrôle de l'univers. Ces préoccupations nous ont beaucoup appris, en tant qu'espèce, sur ce que signifie être vivant, sur nos responsabilités en tant qu'êtres humains. Mais le problème a évolué vers la survie de notre planète, vers l'interdépendance : nous devons être plus solidaires et protéger la Terre. Il faut nous débarrasser des idées de guerre, de conquête, de domination. Sinon, notre espèce disparaîtra, probablement avec beaucoup d'autres.

J'imagine que vous vous dites « ce ne sont que des poules, que diable ! », mais un petit élevage permet finalement de mettre le doigt dans un grand engrenage :

- **Produire une partie de notre alimentation implique aussi de s'interroger sur les ressources alimentaires et sur leur production.**
- **Soigner les animaux « producteurs » développe la compassion et la gratitude.**

• Savoir d'où vient ce que l'on mange permet aussi de mieux connaître son corps et de pouvoir faire de meilleurs choix pour sa santé.

• Apprendre beaucoup sur les cycles d'alimentation, la vie, la mort et la nature.

En bref, il est clair que nous sommes profondément dépendants de la planète. Notre comportement affecte notre santé, celle de nos proches et celle de la Terre. À cette phase de notre évolution, il n'est plus possible d'avoir l'illusion d'être des éléments isolés à qui tout est permis. Avoir un petit élevage, c'est voter pour une économie basée sur la nature et l'entraide. C'est un apprentissage de la responsabilité, de l'interdépendance. Vivre à côté d'animaux comme les poules permet de prendre conscience que nous sommes des êtres à la fois individuels et interdépendants – ce que Suzuki-roshi a appelé « un parfait prodige dans le vaste monde phénoménal »[10].

La poule et le portillon

Un jour, alors qu'une poule était derrière un portillon, le fermier lui demanda : « Poule, poule, pourquoi n'entres-tu pas ? » La poule répondit : « Je ne me vois pas étant à l'extérieur. Pourquoi entrer ? »

Lynn Brunnelle[11]

EN CREUSANT UN PEU PLUS

Le jardinage biologique fait aujourd'hui de nombreux adeptes. Chacun rejette les substances chimiques et s'efforce d'adopter des méthodes en rapport avec l'ordre naturel des choses. On veut des aliments plus sains et une Terre plus verte. D'abord pour les enfants, bien sûr, car la nourriture bio réduit les risques de maladies, du rhume au cancer. Comme les fertilisants naturels sont essentiels au jardinage biologique, c'est aussi dans l'ordre des choses d'élever des animaux qui en produisent.

Quand mes poulettes ont acquis leur plumage de grandes, elles sont passées de la cage de chien à leur nouveau poulailler, mon jardin devenant du même coup aussi un terrain d'élevage ! Nous avons créé un système qui, théoriquement, peut se suffire à lui-même (même si nous achetons des aliments en sacs chez notre commerçant local*). En effet, les poules fertilisent le jardin. Elles grattent la terre et le paillis à la recherche de pousses et d'insectes. Je jette les déchets de la cuisine dans le poulailler ou sur le compost et ils se transforment en nourriture pour les micro-organismes

* J'ai eu de mal à le trouver. Il est là depuis longtemps mais il ne s'est pas modernisé : il n'est pas sur Google Maps, n'a ni site Web ni ordinateur. Il a plus de 80 ans et ne prend pas les cartes de crédit. Il répare les vieilles tondeuses mais jadis, je crois qu'il a eu une ferme. Chez lui, on trouve encore des coqs et des poulets de chair, alors qu'il est de plus en plus entouré de constructions et de galeries commerçantes. Son existence me rend heureuse – et ce n'est pas seulement parce qu'il offre, près de chez moi, de l'aliment pour volailles.

> Le fumier de volaille composté contient :
>
> • 1,8 % d'azote ;
> • 1,5 % de phosphate ;
> • 0,8 % de potasse.
>
> WWW.POULTRYONE.COM [12]

qui nourrissent les plantes – dont certaines finissent d'ailleurs sur notre table !

Écologiquement, l'élevage est un système complet ; il s'inscrit dans le cycle de la vie : les œufs vont à l'assiette, les poussins deviennent poules. Rien n'est perdu. Mais du point de vue de la physique quantique ou de la conscience transcendantale, le système est plus parfait encore. Dans notre esprit, nous voyons une poule comme une poule. L'engrais est de l'engrais et il contient tel pourcentage de nutriments pour le jardin – qui est un jardin. Mais, à notre échelle temporelle, la poule n'est poule que pour un instant. Son œuf « existe » plus brièvement encore avant qu'il ne devienne une part de moi-même. Ses crottes, rapidement, deviennent ce que nous appelons le jardin. Le sol devient plante. La plante devient partie de moi-même et de la poule, puis du compost. Tout ce système danse dans le temps et dans l'espace.

Si nous arrivons à nous libérer des frontières que nous nous imposons et à voir chaque jardin, chaque vie individuelle, la planète, tout l'univers, comme un système profondément imbriqué, alors notre espèce peut s'inscrire dans la durée.

Développement durable : encore une expression d'actualité. Elle signifie que par nos actes et nos choix, la vie peut continuer son cycle et engendrer des cycles nouveaux. Ce développement concerne les ressources renouvelables, l'absence d'émissions polluantes, la croissance zéro de la population et l'élimination des déchets. Cela suppose que nous soyons capables de voir plus loin que nous-mêmes et de faire des choix qui soient aussi bénéfiques aux autres. « Car l'interdépendance est la première loi de la compassion qui, à son tour, est l'expression la plus pleine de la vie spirituelle des êtres humains », a écrit le théologien Matthew Fox [13]. L'élevage des poules est une activité durable (et de compassion) car :

- **Un petit groupe de poules est un système complet.**
- **Quelques volailles, dans une banlieue, peuvent être soignées par une seule personne (ou une seule famille).**
- **Ce groupe produit peu de déchets – qui n'en sont pas (contrairement aux gros volumes de matières polluantes produits par un élevage industriel).**
- **Son empreinte carbone est faible (elle dépend seulement de la quantité de nourriture complémentaire achetée).**

Toutefois, il ne s'agit pas là d'un système clos. Prenons l'exemple de la circulation sanguine. Quand tout va bien, le sang, pompé par le cœur, parcourt les veines et les artères. Mais le système a besoin d'apports extérieurs : de l'eau, des nutriments, de l'oxygène... Et il doit aussi expulser des déchets, par l'intermédiaire des reins notamment.

De même, un petit élevage de poules est un système qui s'intègre dans un ensemble plus vaste. Comme l'écrit l'économiste Herman Daly, « le développement durable est un moyen d'affirmer la valeur de la longévité et de la justice intergénérationnelle, tout en reconnaissant le caractère mortel et la finitude »[14]. Moi qui élève des poules, je m'inscris dans le flux de nombreuses générations. Je suis une partie d'un grand tout et je dois donc non seulement valoriser mon propre caractère mortel, mais aussi la justice intergénérationnelle : vivre dans la compassion sur la Terre. Le développement durable comme l'entend Herman Daly, signifie vivre dans la compassion.

C'est pourquoi le jardinage bio et les petits élevages urbains sont si « tendance ». Ce sont des activités qui allient survivance et développement durable, la vie et la compassion, qui remplissent notre exigence spirituelle en vivant des relations satisfaisantes, tout en subvenant à nos besoins pratiques. Elles nous entraînent profondément dans la vie spirituelle.

La volonté de « vivre à l'échelle locale » se développe également de nos jours. Il s'agit, pour réduire l'empreinte carbone, de consommer des aliments produits à proximité. Ce peut être, selon le cas, un jardin ou un terrain situé à 50, à 100 ou à 400 km de chez soi – alors que bien des produits parcourent des milliers de kilomètres. On a ainsi défini la notion de kilomètres alimentaires : la distance parcourue par un aliment pour arriver sur votre table. Diminuer cette distance réduit l'empreinte carbone et favorise le commerce local. Le mouvement tend à favoriser les petits producteurs locaux, en particulier les producteurs bio. Il illustre parfaitement le problème de l'interdépendance de nos aliments et de nos autres besoins.

Bien entendu, rien n'est plus local qu'un poulailler dans son jardin. Comme l'écrit Carol Ann Sayle : « Je crois que l'immense popularité de l'élevage de poules, pour leurs œufs et leur intérêt pour le compost, ainsi que pour leur caractère particulier d'animaux de compagnie, s'est développée par peur du contrôle de l'alimentation par les grands groupes »[15]. En bref, nous sommes fatigués de voir que l'on décide à notre place de notre alimentation et de la manière de la produire.

La vie à l'échelle locale, l'agriculture de proximité permet d'accéder à la diversité. À l'étal du maraîcher du cru, on trouve des variétés rares ou anciennes, la jolie tomate goûteuse 'Téton de Vénus', le délicieux chou-rave violet 'Blaro', l'étonnante et croquante laitue romaine 'Oreilles du Diable' ou encore la très fondante scorsonère 'Géante noire de Russie'. Il existe par ailleurs de nombreux petits éleveurs qui proposent toute une gamme d'œufs, foncés ou clairs, toujours meilleurs que ceux en vente au supermarché.

Toutefois, notre propre jardin est encore plus local que le fermier d'à côté. Un après-midi, ma fille m'a apporté, d'un air satisfait, un œuf qu'elle venait de trouver : « Un œuf tout frais ! ». Je l'ai remercié et j'ai mis l'œuf au réfrigérateur. Mais j'ai pensé : « Pas si frais que ça. Pas si frais qu'il pourrait être », car il était froid. Je me suis dit que j'avais vraiment attrapé le virus. Car un œuf frais – quoi qu'en disent les boîtes du supermarché –, est un œuf encore chaud. Et même encore humide de la poule. Une poule que je peux remercier de *visu* !

La personne-poule

On dit qu'il y a des gens-chats et des gens-chiens. Moi, je suis une personne-poule ! Une personne-poule donne des noms à ses oiseaux. Elle leur parle – enfin, caquette – et les caresse. Elle adore toucher leur plumage si doux et leurs pattes écailleuses, étonnamment chaudes. Une personne-poule sait que les yeux d'une poule sont véritablement beaux. Elle apprend la signification de leurs différents gloussements. Et quand elle ramasse les œufs, elle dorlote les poules, leur offre des friandises et les remercie de leur don.

L'intérêt des poules comme animaux de compagnie est l'une des raisons de leur croissante popularité. Ces oiseaux ont de la personnalité. Ils vous regardent droit dans les yeux, demandant clairement une friandise. Les poules vous répondent, vous suivent dans le jardin et viennent picorer dans votre main. Tout comme moi-même, ma fille aime les prendre dans ses bras, tout en sachant se méfier de leurs griffes. Avec ses amies, elle passe des heures avec elles, les attrape, les caresse, puis les laisse aller. Mon fils, encore un bébé, les regarde en battant des mains de satisfaction et s'écrie : « Euhhhhh ! ».

Même nos chats, pourtant gâtés, ont dû se résoudre à faire patte de velours. L'une de nos poules, pas la plus maligne (elles ne sont pas aussi bêtes que le disent certains !) suit systématiquement notre chat dans le jardin. Ils sont presque de la même couleur, gris pommelé – elle, en plus, a une touche d'orange. Griffon miaule de mécontentement, mais baisse les oreilles, plutôt en signe de résignation que d'hostilité. Et Millie trotte derrière lui comme pour l'inciter à jouer. Nos poules sont devenues des membres de la famille, bien qu'elles vivent à l'extérieur.

Nous ne les laissons pas entrer. Parfois, quand la porte est ouverte, elles se risquent dans la cuisine, mais nous les en chassons (pour éviter les crottes !). Certains éleveurs sont plus tolérants. Sur un site américain (www.mypetchicken.com), on trouve pour 25 $ des couches pour poules, en six couleurs et en cinq tailles ! Selon le vendeur, elles conviennent aux « poules blessées, qui ont besoin d'une convalescence à l'intérieur, aux championnes qui doivent être isolées des autres pendant un mois avant une exposition et à celles qu'on aime trop pour les laisser dehors » [16].

J'ai souvent reproché à nos chats de ne pas participer à la vie de la maison. Je les imagine devant l'évier, avec des gants en caoutchouc, lavant la vaisselle. Cela compenserait un peu les sommes folles que nous consacrons à leur nourriture. Les poules ne font pas non plus la vaisselle, mais elles ont l'avantage d'être à la fois animaux de compagnie et volailles de ferme.

En banlieue, un poulailler a quelque chose de magique…

Dans un monde où l'on demande à un téléphone d'être aussi une caméra et de pouvoir écouter de la musique, les poules sont, elles, vraiment polyvalentes. Elles donnent des œufs. Elles fertilisent. Elles nous amusent. Et elles sont plus câlines qu'un poisson rouge ou qu'une tortue. Mais, surtout, elles nous permettent d'étoffer notre style de vie qui devient à la fois campagnard et suburbain. Grâce à elles, nous ne sommes plus rats des champs ni rats des villes, mais les deux à la fois ! Elles gomment les barrières entre les styles de vie et les classes socio-économiques.

Le poulailler urbain

Dans un jardin de banlieue, un poulailler a quelque chose de magique, un peu comme un bateau dans le désert. Il ne semble pas à sa place, mais il fait plaisir à voir. Il fait réaliser qu'une certaine excentricité est non seulement possible, mais aussi nécessaire. Quand des gens nous rendent visite, ils regardent par la baie vitrée de notre salle à manger et s'écrient : « Oh, des poules ! » Ils posent toutes sortes de questions et sourient de

Comptine enfantine

Où sont passés mes poussins ?
dit la poule.
Ils ne sont pas sous le platane,
dit l'âne.
Ils ne sont pas sous le pont,
dit le dindon.
Ils ne sont pas dans la rue,
dit la tortue.
Chut ! Ne faites pas de bruit,
dit la souris.
Ils sont ici, dans leur nid.

satisfaction quand je leur explique à quel point il est facile de les élever. Ils s'extasient sur la beauté de nos volailles, admirent notre petit poulailler rouge et demandent si les voisins ne se plaignent pas. Je réponds qu'ils ont l'air plutôt contents, car nous n'avons pas de coq et que nos pondeuses ne sont pas bruyantes. Nous parlons des œufs, du jardin et échangeons des histoires sur les poules merveilleuses de nos enfances respectives. Beaucoup disent qu'ils aimeraient tant en avoir, eux aussi…

Un poulailler en ville, c'est un moyen de se faire des relations, de parler « poules » sur le pas de la porte et de discuter du style de vie que nous menons. Car malgré la vitesse et la technologie omniprésentes, les gens ont besoin de se connaître.

La technologie moderne nous permettent de nous intégrer au réseau mondial en restant chez nous. Nous sommes à la fois connectés avec le monde entier et beaucoup plus centrés sur notre foyer. Il est possible de discuter avec quelqu'un à l'autre bout de la planète, grâce à la vidéoconférence, puis de jouer au ballon avec nos enfants dans le jardin. Sur le plan spirituel, cette interconnexion a des applications intéressantes : nous sommes partie intégrante du tout, mais en occupant notre propre espace. Nous pouvons donc mieux saisir que nos choix basiques éminemment personnels, quant à la santé et à l'alimentation, concernent aussi un vaste monde interdépendant.

La popularité de la petite basse-cour n'est pas étrangère aux réflexions que peut susciter le fait de vivre sur une planète comptant plus de six milliards d'habitants. Il est en effet naturel de se préoccuper de cette population toujours croissante, de notre interdépendance et de la survie même de notre planète – tout en souhaitant, du fond du cœur, rester chez nous et vivre notre vie. L'élevage de quelques poules (et même d'un coq, pour certains) est au centre du dilemme. Au beau milieu de la cité, à l'époque d'Internet, ces oiseaux symbolisent la rencontre de la technologie avancée et du retour à la terre.

Quel est le son d'une seule aile qui bat ? C'est celui d'une tempête, d'un changement qui dépasse notre existence. Et c'est aussi celui d'une vie paisible et rustique. C'est une incitation à évoluer de manière légère comme une plume sur une planète vivante et toujours changeante.

CHAPITRE DEUX

L'ESPRIT DE LA POULE, L'ESPRIT DU DÉBUTANT

L'esprit du débutant est un concept zen qui signifie approcher quelque chose sans idées préconçues, avec l'esprit ouvert. Quand je regarde les poules se dandiner dans le jardin, gratter à la recherche d'insectes et engloutir de l'herbe, j'accède à un calme merveilleux. Leurs besoins simples deviennent mes besoins simplifiés. Je prends une respiration profonde et je m'installe dans l'instant. Je suis ainsi satisfaite, simplement assise. Nous l'avons vu, nos relations avec les poules sont complexes ; pourtant, ce sont des relations simples et apaisantes, qui nous rappellent à nous-mêmes.

Membres de la famille

En intégrant des poules dans nos familles urbaines et suburbaines, nous exprimons quelque chose concernant notre relation avec la nature, le monde des humains et notre esprit. Nous voulons, semble-t-il, que notre maison soit l'image de nos relations avec autrui. Ces relations peuvent aussi être une source d'apaisement et de bien-être spirituel. En vivant selon nos principes en matière de santé, d'écologie, de responsabilité, nous devenons plus complets.

Charlotte Joko Beck, écrivain et professeur de zen, note que « toute relation intime, si nous la considérons comme un exercice, est le miroir le plus clair que nous puissions trouver »[17]. La compagnie des poules offre cette intimité particulière qui est précisément le fait d'un animal à la fois de compagnie et de production – une combinaison rare. Les poules deviennent un miroir qui nous montre notre vraie nature. Elles nous enseignent la responsabilité. Elles ont besoin de nous et nous avons besoin d'elles. Elles sont faciles à élever et offrent en retour une belle récompense. Ceux qui les élèvent ne voient peut-être pas qu'ils mènent une vie de compassion en rapport avec la Terre, mais l'élevage est devenu partie intégrante de leur pratique spirituelle.

Étant peu génératrices de stress, les poules suscitent en effet la joie et l'échange. Elles donnent l'occasion d'observer son propre esprit et les choses qui vous entourent. Elles deviennent un miroir où vous pouvez contempler vos relations avec vous-mêmes et les autres sphères de la vie.

Dans ma famille, on parlait depuis des mois d'avoir des poules comme on le fait naturellement au moment d'adopter un animal de compagnie. Nous avons choisi leurs noms, en optant pour des noms de déesses (en toute simplicité !). Nos premiers poussins sont arrivés lors d'une tempête de neige de printemps. Alors que les flocons volaient, ma fille, mon mari et moi-même cajolions les petites boules de plume et compulsions des livres sur la mythologie pour les nommer.

> Chaque instant de notre vie est relation. Il n'y a rien que la relation. À cet instant, ma relation concerne le tapis, la pièce, mon propre corps, le son de ma voix.
>
> CHARLOTTE JOKO BECK [18]

Mais Astarté ou Athéna étaient des prénoms trop imposants pour ces bébés aux yeux vifs. Pour notre poule Easter Egger, nous avons choisi Tara, diminutif d'Ostara, la fête du printemps celtique. Elle était minuscule, brune et un peu endormie. L'autre a reçu le nom de Maisy, comme la souris d'un conte pour enfants. Pour la Rhode Island, ce fut Tallulah – le nom de l'amie de Maisy dans le conte. Quant à la quatrième, également à venir, une Australorp Noire, nous l'avons appelée Sylvie.

Tara étant toujours très endormie, je l'ai mise sous mon T-shirt et je lui ai donné l'énergie du reiki. Cependant, le lendemain matin, elle gisait, sans vie. Nous l'avons mise dans un sac en papier et nous l'avons enterrée en famille dans le jardin. Pour ma fille, c'était une première expérience de la mort. Elle a pris la chose avec curiosité puis, quand nous sommes rentrés, elle a fondu en larmes. Je l'ai prise dans mes bras et je lui ai dit que Tara, qui reposait sous le lilas, ferait toujours partie de notre famille.

L'éleveur a remplacé Tara par une autre Easter Egger. Nous l'avons appelée Millie, comme ma grand-mère ! Ainsi, après une semaine d'attente, Maisy, qui pépiait désespérément d'être seule, reçut trois compagnes. Maisy est toujours la plus affectueuse de nos poules et c'est peut-être parce que la première semaine, nous avons passé beaucoup de temps avec elle, pour la distraire. Elle nous est très attachée, et nous à elle !

Les trois autres bébés étaient aussi pleins d'entrain que Maisy. Tous ont vécu. Ce printemps-là nous vit beaucoup dans le bureau, sortant les poussins de la cage pour qu'ils explorent la pièce. Comme ils s'oubliaient un peu sur la moquette, nous nous sommes promis de la faire nettoyer, plus tard, car le bureau était alors leur territoire. Tandis que je travaillais, ils pépiaient pour attirer mon attention. Je jetais maints coups d'œil vers la cage et je voyais les petites têtes passer à travers le grillage, espérant que j'abandonne mon travail pour venir jouer avec elles.

Ces poussins, avec leurs noms, leurs personnalités et leurs coups de bec sont peu à peu entrés dans la famille. Nous avons appris à nous connaître. Comme nous ne savions rien de l'élevage des poules, nous avons débuté un apprentissage.

LA DANSE DES POULES

Quand, finalement, nos pensionnaires sont sorties dans le jardin, il m'a fallu des mois pour apprendre la « danse des poules ». J'entends par là ce qu'elles voulaient (explorer, gratter, picorer), ce que nous voulions (garder le jardin propre) et la manière d'imposer des limites. Un jour où j'étais dans le jardin, j'ai remarqué que Millie se baladait dans la rue. J'ai tenté de la faire rentrer, mais elle s'est mise à courir. J'étais alors enceinte et j'étais maladroite. Impossible de l'attraper !

J'ai couru jusqu'à la porte et j'ai appelé mon mari : « Viens vite ! Millie s'est enfuie ! ». Il regardait un match à la télévision. Je l'ai entendu bouger et je suis retournée aussi vite que possible dans la rue, sur les traces de la fugitive. Au plus bas de la hiérarchie des poules, Millie était toujours la dernière à prendre une initiative. Mais cette fois-ci, elle avait été la première à trouver un passage, derrière le garage.

J'ai appris à mes dépens que courir après une poule est la dernière des choses à faire. Il faut s'y prendre plus habilement. Mes efforts ne servaient qu'à l'encourager à détaler toujours plus loin. Mon mari, sortant de la maison, s'est alors mis à suivre l'autre trottoir, pour essayer de l'encercler. Dans la paix de ce dimanche matin, ses pas résonnaient. Il a atteint l'autre extrémité de la propriété du voisin. Millie, avec un gloussement, a rebroussé chemin vers moi, se dirigeant vers la haie de spirées. C'était un cul-de-sac.

C'est, du moins, ce que je croyais. Mais j'ai vu les plumes de sa queue s'agiter et Millie a réussi à passer chez le voisin, entre la haie et le grillage. Heureusement, le portail était ouvert. Mon mari a rejoint la fuyarde, l'a saisie et l'a délicatement envoyée chez nous, par-dessus la clôture.

Courir après une poule est la dernière des choses à faire.

J'ai couru pour bloquer le passage derrière le garage. Millie a montré son intelligence (jusque-là insoupçonnée) en retournant directement au même endroit pour tenter à nouveau de prendre la fuite. J'ai cloué le grillage tout en chassant la poule vers le jardin. Elle est revenue. Je l'ai chassée à nouveau – gauchement, puisque j'étais enceinte de sept mois – et j'ai planté un autre clou. Et ainsi de suite. Millie ne s'est plus jamais échappée. Ses trois compagnes non plus d'ailleurs.

Un domaine pour les poules

Quand on élève des poules loin des fermes et de la campagne, tout est à inventer. Comment faire vivre une troupe d'oiseaux dans un petit jardin ? Les humains élèvent des volailles depuis 8 000 ans, mais dans la nature, dans les villages et dans les champs. En ville, cela se passe dans le jardin d'un pavillon qui n'est pas conçu pour cela et c'est totalement différent !

J'ai appris à connaître mes quatre demoiselles et à surmonter mon angoisse de les voir s'échapper, tomber malades ou être mangées par les chats. Ces derniers les ont, *grosso modo*, ignorées. Notre matou est d'ailleurs lui-même un peu « volaille » ! Quand je laisse le quatuor picorer librement au jardin, il reste prudemment sur le seuil de la maison à les observer.

Elles ont bel et bien pris possession du jardin. J'ai enfin trouvé une utilité pour les bottes noires que j'avais achetées au temps de ma ferme biologique. Dans la région où nous habitons, le sol est sec. Les bottes sont rarement nécessaires et habituellement, elles passent la saison dans la remise. Mais désormais, j'ai quatre machines à consteller la pelouse de crottes. Certes, l'herbe apprécie l'apport d'azote, mais moi qui ai l'habitude d'évoluer pieds nus, il m'a suffi de marcher une fois dans ce fertilisant naturel... c'est déjà une fois de trop. Il m'est même arrivé de m'asseoir dessus, gâtant d'une grosse tache mon pantalon.

Mais il y avait aussi autre chose. Les poules passent leur temps à gratter, incorporant au sol les éléments azotés et éliminant les insectes ; c'est un service qu'elles rendent au jardin. Cependant, après une journée d'activité, mon tas de compost avait disparu, étalé sur la pelouse et les jeunes salades étaient déterrées. Nous estimâmes que les demoiselles ne pouvaient pas vagabonder ainsi en permanence dans notre petit jardin suburbain.

Nous avons donc ouvert une petite porte dans le parc de leur poulailler, leur donnant accès à un coin du jardin que nous avons entouré d'un filet à oiseaux. Désormais, elles passent tout leur temps dans ce périmètre – grattant et fertilisant à loisir. Elles n'ont accès à la totalité du jardin que de temps en temps, à titre de récompense. Il m'a aussi fallu protéger le tas de compost – premier endroit où elles se précipitaient.

Un matin, je vis Sylvie vadrouiller dans le jardin alors qu'elle était censée être dans son enclos. Il s'est avéré que ces habiles demoiselles avaient fait un trou – peut-être avec la collaboration d'un écureuil clandestin – dans le filet, pourtant coriace. Sylvie n'avait pas manqué cette occasion de s'esquiver. J'ai donc fait rentrer la fugueuse et j'ai doublé le filet. Le matin suivant, elle s'est empêtrée dans le filet en essayant à nouveau de s'échapper. Si j'avais été dans un mauvais jour, je me serais énervée et me serais demandé si je n'étais pas folle d'avoir introduit quatre impertinentes dans notre vie. Mais ce jour-là, j'avais un « mental radieux » (expression bouddhiste).

J'ai patiemment et soigneusement délivré du filet la patte brun-vert de la poule noire, j'ai réparé le trou et j'ai souri.

Les poules m'ont fait progresser aussi bien dans l'art de l'élevage que dans celui de mes relations avec autrui. On peut dire qu'elles m'ont enseigné le « poule zazen ».

Poule zazen

Dans le bouddhisme zen, la pratique appelée zazen est une méditation assise pour parvenir à être dans l'instant présent. « La pratique zazen est, selon Suzuki-roshi, l'expression de notre vraie nature. À proprement parler, pour un être humain, il n'y a pas d'autres pratiques que celle-là ; il n'y a pas d'autre mode de vie que cette vie. »[19] *Être dans l'instant présent, ici et maintenant, sans être happé par l'avenir et le passé (qui n'existent que dans notre pensée) est le but de la pratique spirituelle ou zazen.*

Le zazen est une posture traditionnelle – assis, en lotus, la colonne vertébrale droite, les mains reposant sur les cuisses, le menton rentré et le crâne étiré vers le ciel. Mais on peut pratiquer le zazen debout ou en marchant. Ou, dans le cas du « poule zazen », en observant les poules.

Lorsque nous avons mis les poules au jardin pour la première fois, je les ai suivies dans leur exploration. Elles étaient enchantées – jusque-là, elles n'avaient eu à gratter que la moquette. L'herbe ! La terre ! De vrais insectes ! Tout en ayant en elles les gènes de milliers de générations de poules leur disant ce qu'il fallait faire (gratter, regarder, recommencer), elles n'avaient pas encore pu s'y mettre. Elles avaient l'esprit du débutant. Je tentais alors de regarder le monde autour de nous avec leurs yeux pour atteindre l'esprit du débutant. Je voyais mon jardin d'un œil neuf. J'entendais les bruits du voisin comme si c'était la première fois. J'étais dans l'instant présent, avec quatre poules. Je m'observais, je les observais. C'était le « poule zazen » !

Avez-vous remarqué à quel point nos pensées sont inconséquentes ? Pas les pensées « fortes », qui peuvent mener à l'action et reposent donc sur la réalité, mais 95 % des pensées qui nous traversent l'esprit – la liste de ce que l'on a à faire, d'éventuelles conversations à ce propos, une litanie de lamentations, le dialogue interne habituel... La méditation est à ces pensées ce que la poule est à la terre ; elle gratte pour trouver la vérité enfouie qui l'illumine. Assis, en contrôlant sa respiration, on parvient à identifier les pensées inutiles qui nous traversent l'esprit. On réalise que l'on n'en a pas besoin pour être soi.

L'ego aime ses pensées. Lamentations, listes, répétition, désirs... sont le château de l'ego. En prenant conscience des murs de ce château, vous commencerez à comprendre que ce n'est qu'une façade. Cependant, l'ego ne veut pas vous laisser en prendre conscience – non plus qu'un insecte, sur le sol, ne veut voir une poule faire sa danse à ses dépens. Pour conjuguer les métaphores, disons que l'esprit est une poule occupée à

Jolies poules naines

Les races naines sont souvent issues des grandes races. Elles sont aussi bonnes pondeuses et leur petite taille leur confère un aspect très séduisant.

gratter. Si vous êtes comme moi, vous croyez que penser à un problème assez longtemps suffit à le résoudre. C'est parfois vrai. Mais le plus souvent, c'est précisément par une pause de la pensée, en passant à autre chose, que la lumière se fait. Un peu comme quand on cesse de rechercher le titre oublié d'une chanson : il ressurgit de lui-même.

En réalité, les occupations quotidiennes ne requièrent que peu ou pas de pensée : conduire, donner le bain à un bébé, nourrir les poules, dresser la liste des courses. Il s'agit simplement de faire. Les pensées peuvent surgir, mais elles sont inutiles, car on sait qu'il faut mettre du shampoing sur la tête de bébé ou casser un œuf dans la poêle. Cela ne signifie pas que l'on agit machinalement. Si l'on a assez conscience de ses pensées pour s'en libérer, alors on est attentif. C'est cela aussi le zazen.

Aussi, lorsque vous vous surprenez à ruminer une pensée, imaginez une poule qui gratte. Riez de vous-même, respirez profondément et laissez ces pensées partir. C'est peut-être plus facile à dire qu'à faire, mais je trouve que quand je réussis à rire ainsi, tout va mieux. La vie continue.

Regarder les poules est un passe-temps très ancien, précurseur des théories psychologiques et sociologiques. Parfois, il est plus facile de se comprendre soi-même en se projetant chez les autres. Regarder les poules aide à comprendre les motivations et les interactions humaines, ce qui explique sans doute pourquoi tant d'**expressions populaires** ont trait au poulailler :
ma poulette, jeune coq, poule mouillée, mère poule, papa poule, chair de poule, comme un coq en pâte, poulet de l'année, tête d'œuf, quand les poules auront des dents, se coucher avec les poules, une poule n'y retrouverait pas ses poussins, comme une poule qui a trouvé un couteau, bouche en cul-de-poule, comme un poulet sans tête, c'est la poule qui chante qui a fait l'œuf, le fils de la poule blanche, on ne fait pas d'omelette sans casser des œufs, allez se faire cuire un œuf, qui vole un œuf vole un bœuf, plat commun un œuf, marcher sur des œufs, mettre tous ses œufs dans le même panier, étouffer une affaire dans l'œuf, tondre un œuf, prendre quelqu'un sous son aile.

BONTÉ FONDAMENTALE DE LA POULE

Mes poules m'ont beaucoup appris sur moi-même en étant de bonnes compagnes, en m'introduisant à la discipline de l'élevage et en m'incitant à ralentir pour observer leurs cocasseries de cocottes. Elles représentent un volet précieux de ma pratique spirituelle, car elles sont une partie à la fois unique et quotidienne de ma vie. Elles n'ont rien de « spécial », mais elles vivent différemment sur la terre.

Une compagne est une amie, quelqu'un avec qui l'on est. Les poules ne nous demandent rien qu'un lieu chaud et propre pour dormir et, de temps en temps, une friandise – larve d'insecte, ver de farine ou même feuille de chou. Mais, pour l'essentiel, elles picorent, grattent et vaquent à leurs occupations. Nous, nous ruminons sur leur intelligence ou leur stupidité mais, en réalité, elles ne font que représenter leur essence naturelle. C'est pourquoi elles sont de bons professeurs de méditation. Mais, en tant qu'animaux de compagnie qui n'exigent guère que notre présence, elles peuvent aussi avoir un effet thérapeutique.

La compagnie d'un animal diminue le stress, apporte un sentiment de bien-être et améliore la qualité de vie – c'est une bonne thérapie psychologique et physique pour les enfants et les adultes. On a montré que la présence d'un animal serait « plus efficace que celle d'un conjoint ou d'un ami pour contrarier les effets cardiovasculaires du stress » [20]. Cette action est d'ailleurs similaire à celle de la méditation régulière.

Cindy Anderson souffre de dysautonomie, un dysfonctionnement du système nerveux autonome qui contrôle les organes fonctionnels. Elle fait face au jour le jour, essayant de rester positive malgré les difficultés physiques et financières. L'un de ses plus grands réconforts est son poulailler, dans son jardin, avec dix-huit poules et un coq. Elle raconte : « J'ai essayé beaucoup de choses depuis que l'on m'a diagnostiqué cette maladie assez éprouvante, [entraînant] la dépression et l'incapacité de tout effort physique… Pour moi, les poules sont une très bonne thérapie… Ma famille et mes amis ont remarqué, ces derniers temps, que je suis heureuse. Ils ne m'avaient pas vue comme cela depuis sept ans. Je découvre aussi, avec mes poules, un calme spirituel. Il est important pour moi de trouver un sens à la vie. Avec les poules, je vois le cercle complet de la vie… De la naissance à la mort… Je ne me suis jamais sentie plus proche qu'aujourd'hui de ma pleine puissance (telle que je l'entends).

FROMA WALSH [21]

Les animaux de thérapie sont essentiellement des chiens et des chats. Mais les poules sont susceptibles d'apporter les mêmes bénéfices.

> Jane Clairmont, du Montana (États-Unis), présente régulièrement Alex, son coq, et Carlita, sa poule Cornish, dans les écoles, les centres de réinsertion et les maisons de retraite de sa région. Elle nomme cette thérapie bénévole le « jeu de la volaille ». Elle explique : « Beaucoup de personnes âgées ont été élevées avec les poules et les vaches. Prendre une poule dans leurs bras leur rappelle bien des souvenirs. »
>
> Vince Devlin [22]

L'animal de compagnie est une vitrine de notre bonté fondamentale. Cette expression désigne la sagesse, la douceur et l'équilibre que nous possédons tous et que nous cherchons à parfaire à travers la pratique spirituelle et, surtout, la méditation. Elle est partie intégrante de notre essence, comme de celle de la poule ou de toute créature. En prenant soin d'un enfant, nous voyons notre bonté fondamentale dans le miroir d'un autre. En développant la compassion pour autrui, nous exerçons notre compassion envers nous-mêmes, essentielle pour la santé.

S'ADAPTER AUX POULES

Quand nos demoiselles eurent quelques mois, elles commencèrent à pondre et à annoncer la chose chaque matin : « bok, bok, bok, bok... ». Qu'allaient dire les voisins ? Notre règlement municipal interdisant les basses-cours, une seule plainte nous aurait contraint à abandonner notre élevage. Aussi, lorsqu'elles se mettaient à clamer leur joie et leur fierté ou à se chamailler pour la priorité au nichoir, je me précipitais pour les faire taire. Mais n'était-ce pas les encourager à crételer ? Eh bien non. Peu à peu, elles ont cessé. Aussi, un jour, en entendant un « bok, bok » bizarre au fond du jardin, je me suis dit qu'il devait y avoir un problème.

Je suis sortie avec l'intention d'imposer le silence. Elles étaient toutes les quatre dans l'enclos extérieur, alors qu'elles exécutaient habituellement leurs chants et leur danse dans le poulailler. Maisy, la poule dominante criait. Elle était un peu à l'écart de la petite haie qui borde leur enclos. Les trois autres étaient regroupées dans ces arbustes. Jamais je ne les avais vues se comporter ainsi.

Un mouvement, sur le poteau téléphonique, derrière l'enclos, attira mon regard. Un épervier s'envola alors que j'arrivais au poulailler. Ce rapace est friand de petits oiseaux. Une femelle est capable d'attraper un pigeon en vol. Celle-ci pensait mettre une poule à son menu, bien que nos pensionnaires fussent du même poids qu'elle et deux fois plus volumineuses.

> Quand elle était poussin, Juliet, une poule d'Ancône, était très faible et ne pouvait même pas soutenir sa tête. Grâce à sa volonté de vivre et à son appétit énorme, elle a survécu, même si elle est restée incapable de marcher. Sa propriétaire, une fillette de 10 ans est paralysée et se déplace avec des béquilles ou un déambulatoire. Elles sont devenues spontanément amies et elles passent tout leur temps ensemble.
>
> WWW.BACKYARDCHICKENS.COM [23]

J'ai chassé l'épervier mais la bravoure de Maisy pour protéger sa petite famille m'avait impressionnée. Son cri m'avait paru une combinaison de cri de guerre, d'avertissement et d'appel à l'aide et j'avais immédiatement compris qu'il signifiait « danger » ; pourtant je ne l'avais jamais entendu auparavant et il ressemblait au cri d'après la ponte. J'apprenais leur langage. J'étais réceptive à mes oiseaux. Ce faisant, je l'étais aussi à l'environnement.

Quand on passe du temps avec un animal, une synergie particulière se crée. Je le savais pour les chats et les chiens, mais je ne l'avais encore jamais ressenti pour des oiseaux. Si quelqu'un m'avait dit un an auparavant que j'allais comprendre le langage des poules, je lui aurais ri au nez. Pour moi, elles ne faisaient que caqueter. Avec le temps, on est semble-t-il capable d'apprendre un langage sans mots.

Notre capacité à être témoin

Toutes ces histoires – poule de thérapie, poule zazen et partage du langage des oiseaux – traitent de la connaissance des poules par l'observation et les affinités. Lorsque nous nous impliquons émotionnellement dans le jardinage, la guérison ou l'élevage, nous pouvons aussi mettre à profit ces moments de notre vie pour prendre du recul et permettre à notre capacité d'être témoin de jouer son véritable rôle. Comme l'écrit le lama tibétain Tarthang Tulku : « Lorsque vous faites directement face à "l'observateur", votre conscience et "l'observateur" deviennent un. Il n'y a pas de "moi" qui observe quelque chose. Il n'y a que l'observation, que le processus. Il n'y a pas de sujet ni d'objet. Le processus est l'expérience… ou, pourrait-on dire, pure conscience ». [24]

Toutes ces histoires traitent de la connaissance des poules par l'observation et les affinités.

Ce moment où l'on n'est plus attaché à ses pensées est « pure conscience ». J'atteins cet état lorsque je jardine ou quand je regarde mes poules. Et parfois, en faisant la vaisselle, en berçant mon enfant pour qu'il s'endorme, en regardant la lumière sur l'eau… Chacun connaît ces moments de profonde tranquillité, au-delà du bavardage intérieur. De ce lac de tranquillité, on peut être l'observateur ou le témoin de ses pensées pour devenir entièrement son moi profond.

Voici un moyen que j'ai trouvé pour accéder à ce lieu : être assis dehors avec des poules. Les observer. Avoir conscience de sa respiration. Les regarder, simplement. Remarquer ce qu'elles remarquent. Sentir la terre au-dessous, l'air tout autour, la moindre tension du corps. En même temps, s'observer soi-même, avoir simplement conscience de ce que c'est que respirer, voir. Devenir conscient. Cela peut sembler idiot, le poule zazen, mais essayez et vous verrez.

Prenez conscience des choses.

Observez chaque crainte, honte ou doute. Observez-vous vous-même. Observez ce que c'est. Observez-vous observant. Qui observe ? Qui est conscient ? Ces bouts de lucidité vis-à-vis de vous-même et du monde sont les fondements de l'équilibre et de l'éveil.

> À mon avis, l'idée que faire la vaisselle est déplaisante ne peut survenir que lorsqu'on ne la fait pas. Quand on est devant l'évier, les manches relevées et les mains dans l'eau chaude, c'est plutôt agréable. J'aime prendre mon temps pour chaque assiette, devenir pleinement conscient de l'assiette, de l'eau, de chacun des mouvements de mes mains... Les assiettes elles-mêmes et le fait que je sois là à les laver sont des miracles !
>
> Thich Nhat Hanh [25]

JOURNAL DES POULES

En étudiant une relation profonde, quelle qu'elle soit, on découvre beaucoup sur soi-même et sur le monde. Il est bon de tenir un journal sur vos poules, centré sur votre relation unique avec ces oiseaux si particuliers. Notez vos pensées les concernant, vos vues sur le poule zazen ainsi que des détails sur l'élevage. Cela vous fera découvrir beaucoup de choses sur la relation que vous entretenez avec vos animaux.

Écrivez dans votre journal. Dessinez. Il peut être à la fois livre d'enfant (autour des poules !), almanach et mémento spirituel. Voici quelques suggestions pour l'aborder :

- **Pourquoi avez-vous entrepris cet élevage de poules ? Quels problèmes avez-vous rencontrés ? Comment les avez-vous abordés ?**
- **Racontez l'histoire de l'arrivée des poussins. Où les avez-vous mis ? Comment ont réagi vos proches ?**
- **Avez-vous un rapport spécial à l'un des oiseaux ? Décrivez cette relation et ce qu'elle vous a apporté.**
- **Quelles difficultés avez-vous surmontées ? Que vous ont-elles appris sur d'autres sphères de votre vie ?**
- **Que pensent les autres de votre élevage ? Voisins, enfants, parents : vous envient-ils ? Vous croient-ils fou ? Sont-ils simplement curieux ?**

• Consacrez un peu de temps à vous asseoir et à regarder vos poules. Notez vos observations, vos pensées. Observez ce qui se passe si vous entrez en pure conscience.

• Une de vos poules a-t-elle fait quelque chose de drôle ? Racontez l'histoire avec les détails savoureux.

Intégrez à votre journal des dessins et des photographies si vous le pouvez, les dates et les faits (le premier œuf, la venue de la mue…), peut-être une ou deux plumes et même les empreintes des oiseaux – la marque d'une patte boueuse sur un papier de couleur ne manque pas de charme ! Ajoutez éventuellement des documents, l'autorisation de la mairie, des articles du journal local, la correspondance avec le vétérinaire, d'autres éleveurs ou le club local…

Votre journal peut être un jeu et une activité artistique. Il peut être joyeux, créatif, sérieux ou spirituel, à vous de choisir. Il relate votre relation particulière avec vos oiseaux si étonnants. Et puisque tout est relation, il relate votre voie spirituelle, votre vie, votre rapport avec vous-même. Que ce journal des poules soit une activité qui vous permette de vous découvrir vous-même.

L'AINSITÉ DES POULES

Quel rapport entre l'ainsité, cette relation qui nous mène à une relation spirituelle avec nous-mêmes, et le divin ? Les poules sont drôles, gauches, belles, robustes, mais pas vraiment « spirituelles ». C'est précisément ce qui fait d'elles un centre idéal pour cette pratique qu'est notre vie. Leur beauté sans complexe et naturelle vient becqueter notre esprit de débutant. Nous pouvons oublier ce que signifie « être spirituel » et vivre simplement notre vie. À travers la réalité de la naissance et de la mort, celle de la présence à l'instant des poules, nous devenons notre moi réel. Nous entrons dans une relation consciente avec ce qui est.

« Dans le bouddhisme, on appelle "ainsité" (*tathata*) l'essence ou les caractéristiques d'une chose ou d'une personne, sa vraie nature ». Selon Thich Nhat Hanh, « chaque personne a son ainsité » [26]. L'ainsité d'une poule nous conduit à notre propre ainsité, à notre parfait équilibre. Une poule est curieuse, résolue et agit sans l'ombre d'un doute. Elle vit pour accomplir les préceptes de la poule : pondre, picorer, gratter, prendre un bain de poussière. Ici, devant vous, la vie se déroule. Nettoyer le poulailler, ramasser les œufs, donner de l'eau fraîche, du maïs et des insectes aux volatiles. Ces gestes offrent un bon aperçu de l'ainsité de la vie sans les souffrances que nous nous infligeons. Alors, tout devient sacré, même les poules et les soins que nous leur apportons.

Comme l'écrit le psychothérapeute John Welwood : « Dès que nous regardons au-delà du devoir et du plaisir pour accéder à une signification et un objectif plus profonds dans les relations, nous faisons un pas en direction du sacré. On peut le définir comme une connexion profonde avec notre nature vraie et essentielle, derrière tous nos masques et façades » [27]. Il se réfère à la relation intime entre deux humains, mais il nous permet de comprendre que les poules peuvent, elles aussi, permettre d'accéder à l'éveil spirituel. L'élevage de quelques-unes, pour les œufs et la compagnie qu'elles procurent, peut en effet être vécu comme une pratique sacrée. L'art d'élever des poules aujourd'hui, alors qu'il ne s'agit plus d'une simple mesure de subsistance, mais d'un acte politique et militant pour une vie de compassion, est aussi une manière de tendre vers une signification et un objectif plus profonds. Élever des poules en tant que relation – avec elles, la terre, notre communauté – reflète notre relation sacrée à nous-mêmes, à la vie, à une puissance supérieure – qu'il s'agisse de Dieu, d'une divinité ou de notre propre nature de Bouddha –, simplement nous, en connexion avec notre nature vraie et essentielle.

> De la naissance à la mort…
> je ne me suis jamais sentie
> plus proche qu'aujourd'hui
> de ma pleine puissance
> (telle que je l'entends).
>
> Cindy Anderson,
> propriétaire de poules [28]

Parce qu'élever des poules nous permet d'être nous-mêmes – elles ne nous demandent rien d'autre –, nous entrons dans un espace de relation sacrée avec notre moi intérieur. Alors que je ramasse les œufs et chouchoute un oiseau qui me regarde de ses beaux yeux orange, je respire plus profondément. J'occupe mon corps. Je suis. J'habite mon ainsité. L'ainsité des choses devient un miroir ; en elles, je peux observer ma propre ainsité. Et l'acte simple de se mouvoir, de respirer, d'interagir avec les poules, la terre, ma famille, devient une méditation :

> Tout est relation
> Votre pratique est votre vie.
> Il n'y a d'autre mode de vie que celui-ci, être conscient.
> Entrer dans l'esprit du débutant.
> *Qui est conscient ?*

CHAPITRE TROIS

COUPER DU BOIS, NOURRIR LES POULES

En général, les personnes qui ont des poules jardinent également, aiment réparer et construire des choses et élèvent aussi, parfois, des chèvres, des abeilles ou d'autres animaux. Certains ou certaines tricotent et cousent, fabriquent du yaourt et du fromage, récupèrent l'eau de pluie pour arroser les fleurs et vivent hors des normes. Ils souhaitent une plus grande autosuffisance et une empreinte carbone réduite. Les petits fermiers – qu'ils soient largement autosuffisants et vivent loin des villes, ou pratiquent quelques activités traditionnelles dans un jardin urbain – considèrent la nature comme sacrée en quelque sorte. À travers leur relation avec la terre et grâce à ces merveilleuses activités de petite production, ils sont à la fois conscients et responsables.

Ma maison, ma petite ferme

Au début du printemps, après un hiver froid et long, je me suis levée tôt. Mon mari s'occupait de notre bébé et du petit-déjeuner, tandis que ma fille jouait sur l'ordinateur ; je suis sortie voir les poules. L'air était frais, le sol dur et gelé. Le givre ourlait chaque brin d'herbe, chaque feuille brune. J'ai pris une profonde inspiration et la fraîcheur a pénétré dans mes poumons. Les poules appelaient. J'ai ouvert la porte de l'enclos, celle du poulailler, et j'ai félicité chacune, alors qu'elles descendaient la rampe.

Dans le garage, j'ai pris un seau, des copeaux frais et des gants. Le chien du voisin a aboyé après des écureuils et un avion a traversé le ciel bleu pâle. Les demoiselles, curieuses et qui roucoulaient derrière moi, j'ai ramassé les copeaux souillés, je les ai mis dans le seau et j'ai déversé cette litière au jardin. Mon « moi » était tranquille, en harmonie avec le soleil, la terre printanière et les poules. Sans aucun effort mental, j'ai pratiqué les méditations du petit producteur urbain.

> Pouvoir magique,
> merveilleuse action !
> Couper du bois,
> porter de l'eau…
>
> Soiku Sigematsu [29]

Nous l'avons vu précédemment, être simplement sensible à sa conscience, alors que l'on est avec les poules, peut amener un état méditatif. Il en va ainsi avec toutes les tâches de même type. Mais ce genre d'activité implique un réseau de significations plus large encore, en donnant plus d'opportunités pour sortir de son ego et entrer dans son « moi » le plus vaste. Nous sommes de petits producteurs parce que nous avons le souci de la Terre, de notre communauté, de notre famille. Nous voulons être plus proches de la vie « idéale » – qui interagit avec la Terre en laissant moins de traces. En retour, ces activités nous enseignent une grande compassion envers nous-mêmes, la Terre et nos relations – avec les humains, les poules ou les plantes.

> **Un poulailler qui dure**
>
> Toute construction fixe, même de la taille d'un poulailler, nécessite un permis de construire. Renseignez-vous en mairie.

En 1854, l'Américain Henry David Thoreau publiait *Walden*. Cette œuvre a inspiré un mouvement de retour à la terre, la nature étant perçue comme un guide spirituel. Au cours du siècle qui a suivi, de petits producteurs ont quitté la ville pour chercher la « bonne vie », ayant du sens, et pour se ressourcer à travers la culture autarcique, au sein de la nature sacrée. Dans les dernières décennies, ce mouvement s'est modifié, car cet idéal visant à se centrer sur son foyer, à faire les choses soi-même et à honorer la terre s'appliquait de mieux à mieux au cadre urbain et suburbain. Le divorce avec la technologie et la ville a perdu de son importance au profit d'un recentrage sur la maison et sur une vie plus équilibrée. Selon les tenants citadins du mouvement, il est possible de produire sa nourriture et de vivre une vie créative tout en bénéficiant de la chaleur d'une large communauté. Cette tendance est marquée d'un grand espoir, celui de parvenir à une vie intégrée, dynamique et non dommageable à la Terre.

Je produis une partie de ma nourriture, je fais moi-même certaines réparations, je prépare du compost, je réduis autant que possible les déchets et je dépends beaucoup de la communauté, notamment pour les vêtements. Nous avons mis la télévision au placard, mais nous avons Internet à haut débit. Je cuisine presque tous les repas, mais j'aime dîner dehors ou faire livrer des plats de temps en temps. Je sais coudre mes propres habits, mais j'adore acheter dans les ventes de charité, ce qui économise du temps et évite le gaspillage – choses importantes pour les petits producteurs. Je suis loin de militer pour un mode de vie frugal, mais je prône en revanche le jardinage, l'élevage des poules et un mode de vie plus écologique. Le mouvement des petits fermiers défend un équilibre : on applique ce qui fonctionne pour soi et on se tient à une certaine modération.

De l'eau !

N'oubliez surtout pas de fournir de l'eau à vos volailles : toutes en ont besoin, du poussin au vieux mâle reproducteur.

Petits producteurs autosuffisants

La petite production est en vogue, surtout dans les villes. Assaillis de haute technologie, nous sommes en quête d'un équilibre. Nous voulons être autosuffisants et en même temps proches de notre travail – c'est le cas de mon mari qui pratique la thérapie musicale dans un hôpital pour enfants où il se rend à vélo. Nous adorons aller au café, près de chez nous, où nous récupérons le marc de café pour nos plates-bandes. Nous cherchons à marier ville et campagne, carrière et foyer, autosuffisance et voisinage chaleureux.

Ce type de mariage est un aspect sain d'une société en évolution. Il doit permettre une vie équilibrée et l'intégration de notre moi intérieur. La petite production urbaine donne à chacun la possibilité de se centrer sur sa maison d'une manière exactement adaptée à lui-même et à sa famille. C'est une chose passionnante que de construire une nouvelle société de gens à la fois autosuffisants et interconnectés.

Rebecca Kneale Gould, historienne et spécialiste des religions, a étudié les petits producteurs. Pour elle, ils « partagent le même intérêt pour une éthique environnementale sur le terrain, un pragmatisme de bricoleurs et une pratique spirituelle improvisée, basée sur la nature ». [30]

En d'autres termes, nous voulons vivre au quotidien en liaison avec la terre sacrée. Nous recherchons une communauté qui partage nos idéaux et comprenne nos combats. La

Combien d'années une poule peut-elle pondre ?

Une poule pond pratiquement toute sa vie, environ dix ans en moyenne, mais sa production baisse beaucoup les dernières années.

constitution d'une telle communauté est un point majeur de ce mouvement. Bien souvent, une communauté se forme à partir d'une tâche partagée. Le mouvement s'intéresse à des tâches comme la réparation d'une maison, la réalisation d'une installation de récupération d'eau ou le tricotage d'un pull, aussi bien qu'à la production de sa propre nourriture. Il diffère du mouvement du retour à la terre, car il n'englobe pas la construction des maisons (bien qu'il puisse prendre en compte la pose de panneaux solaires ou la restauration). En revanche, la production d'une partie de la nourriture est un point central de sa philosophie. Dans un environnement urbain, ce peut être :

- **L'entretien d'un potager ;**
- **Ou d'un verger ;**
- **L'installation de ruches ;**
- **L'élevage de chèvres naines ;**
- **La fabrication de fromages ;**
- **La préparation de conserves et de confitures ;**
- **Un cellier non gélif pour la conservation ;**
- **Et, bien entendu, l'élevage de poules.**

Chacun peut choisir selon ses goûts et ses possibilités. L'élevage des poules est séduisant pour l'aspirant petit fermier urbain parce qu'il est relativement facile : il s'agit simplement de donner à manger et à boire à quelques volailles, de nettoyer le poulailler une fois par semaine et de ramasser les œufs.

Des poules pour vous changer la vie

L'élevage des poules est une parfaite introduction à la petite production urbaine. Facile, il convient assez bien au mode de vie citadin. Une fois le poulailler, l'enclos et les poules installés, l'entretien est aussi facile que celui que nécessite un chat. Voici quelques suggestions pour le rendre encore plus simple.

Le travail du fermier étant réputé dur, on est très surpris de constater que l'élevage des poules est aisé. Une fois que l'on est rodé, on trouve même la chose si simple que l'on est encouragé à se forger une vie encore plus « champêtre ».

Au début, il nous a fallu résoudre quelques problèmes : où trouver les poussins ? où les mettre pour commencer ? comment construire un poulailler ? où acheter des aliments ? Une fois ces questions réglées, tout s'est bien déroulé. Le matin, le premier levé allait ouvrir la porte du poulailler (que nous fermons tous les soirs). Je restais à la maison avec les enfants et c'est donc ma fille ou moi qui donnions la nourriture et l'eau, une fois par jour. Ensuite, quand mon mari rentrait du travail, il fermait la porte du poulailler après avoir mis la mangeoire et l'abreuvoir à l'intérieur. On peut donc fort bien élever des poules en travaillant – d'autant que leur rythme correspond en général à celui du travail salarié puisqu'elles se lèvent et se couchent avec le soleil.

Le poulailler et son enclos occupent environ 3 m². Nous utilisons donc de petits modèles de mangeoire et d'abreuvoir – ceux, légers, que nous avons achetés pour les poussins. Nous les rentrons le soir et les sortons le matin. Les grands modèles, plus volumineux, sont, eux, rechargés moins souvent.

Le plaisir d'élever des poules réside surtout dans le soin qu'on leur apporte. Je crois donc qu'il est judicieux d'attribuer des tâches à chaque membre de la famille, les enfants pouvant ramasser les œufs après l'école et les adultes qui travaillent à l'extérieur, ouvrir et fermer le poulailler le matin et le soir. Mes amis d'enfance qui avaient des poules n'ont appris qu'à l'adolescence comment leur mère s'était arrangée pour les impliquer dans l'élevage. Ils étaient trois et revenaient de l'école à des heures différentes. Quand la plus jeune rentrait, elle ramassait les œufs ; ensuite, alors que la petite jouait, elle rapportait discrètement les œufs au poulailler. Ainsi, elle pouvait demander à la cadette, un peu plus tard, d'effectuer la même

Une poule sur un mur

Une poule sur un mur qui
picote du pain dur.
Picoti, picota
Lève la queue et puis s'en va.

tâche avant de s'installer devant la télévision. Leur mère répétait la manœuvre pour l'aînée, et les mêmes œufs étaient donc ramassés trois fois. Tout le monde participait ainsi avec plaisir et satisfaction !

Le plaisir d'élever des poules réside surtout dans le soin qu'on leur apporte.

Centré sur la maison

Une petite production urbaine, une certaine autosuffisance à travers le jardinage, le bricolage et l'élevage de petits animaux, modifie la vie quotidienne du foyer. On intègre vraiment son propre espace, on concentre son énergie sur le lieu, sur la maison. Pour le petit producteur, outre la nature, la maison aussi est sacrée.

Essayez cette méditation à la maison pour comprendre l'aspect spirituel de l'espace physique de votre demeure : prenez une respiration profonde. Concentrez-vous sur votre corps. Sentez l'air entrer et sortir de vos poumons. Notez ce qui se passe, ce dont vous prenez conscience simplement par la respiration. Imaginez que votre respiration s'élargit à la maison entière. Elle passe dans votre corps, puis dans la maison. Laissez ensuite la maison entière respirer, avec vous au centre. Respirez un moment, en sentant ce vent traverser toute la maison. Notez ce dont vous devenez conscient. Laissez votre respiration s'étendre encore pour remplir l'espace autour de la maison. Notez ce qui se passe. Que ressentez-vous ? Que vous dit votre maison ?

L'exercice peut vous sembler étrange, du moins si vous n'avez pas l'habitude de vous percevoir ainsi au-delà de vous-même. Répétez-le quelques instants chaque jour, simplement pour vous concentrer sur votre corps et votre maison. Vous pouvez l'effectuer en vous lavant ou sous la douche. Des images, des

Quelques sites Internet pour un mode de vie sain :

- *http://www.reseau-amap.org*
Les AMAP, associations pour le maintien d'une agriculture paysanne.
- *http://www.paris.fr/portail/loisirs/Portal.lut?page_id=9111*
Site des jardins partagés à Paris, avec de nombreux liens.
- *http://www.jardinons-ensemble.org*
Site des jardins partagés en Île-de-France.
- *http://www.gallinette.net*
Site de Gallinette, communauté d'entraide sur l'élevage familial des animaux de basse-cour.
- *http://www.plumage.eu*
Site de Plumage, le forum des animaux à plumes avec de nombreux articles informatifs.
- *http://volaillepoultry.pagesperso-orange.fr/index1.html*
Site de Jean-Claude Périquet, spécialiste avicole.

sentiments ou des phrases concernant la santé de la maison vous viendront à l'esprit. Vous prendrez conscience de zones d'énergie stagnante, d'autres où les mouvements d'énergie sont trop rapides – par exemple une enfilade de portes – et d'autres encore qui requièrent votre attention. En vous en occupant – en rangeant, nettoyant et réparant – vous œuvrerez pour votre santé et pour celle de ceux qui habitent avec vous. Tout est connecté et est énergie, y compris la maison et ceux qui y vivent.

Les autorités locales rechignent souvent à autoriser l'élevage des poules car il est considéré comme salissant et les poulaillers inesthétiques. Or, il peut en être autrement. L'essentiel est d'avoir des poules saines et de nettoyer le poulailler et l'enclos. Changez souvent les copeaux et la paille, vérifiez que les poules ont de la nourriture et nettoyez régulièrement les déjections : les volailles s'en trouveront bien et le jardin sera plus beau. Un bon état sanitaire réduit la présence de rats et d'autres nuisibles. Et les déjections, sur un tas de compost bien mené, fertiliseront le jardin. Il en va de même pour la maison. Il faut la garder propre, littéralement et spirituellement. Notre maison est le reflet de nous-même. C'est une extension de notre monde intérieur, de notre esprit. En la gardant propre, dedans comme dehors, vous maintenez en bonne santé tout l'organisme, y compris vous, vos poules.

> [Petite production] veut dire rester à la maison, mais au sens le plus riche qui soit.
>
> Rebecca Kneale Gould [31]

Cette méditation de la maison vous apprend qu'il y a des endroits qui requièrent votre attention, vous pourrez ainsi pressentir des maladies potentielles menaçant les membres de votre famille ou vos poules, avant qu'elles ne se déclenchent. Elle vous suggère aussi des moyens pour vous centrer plus encore sur la maison, à travers des activités de petit producteur.

Lorsque je jardine, j'aime rêver à l'évolution du décor. Je me fonds dans le jardin et je lui demande ce qu'il veut exprimer. Lors de la naissance de mon premier enfant, nous avons récupéré le placenta et nous l'avons enterré sous un pommier. J'ai voulu répéter la chose pour mon second enfant, mais j'hésitais sur la plante à choisir. Je me suis assise et j'ai respiré avec le jardin, laissant mon regard flotter. Plusieurs idées me sont venues. J'ai répété plusieurs mois la méditation et l'idée de framboisiers, près de la clôture, s'est imposée. Chaque fois que je méditais avec le jardin sur l'idée de framboisiers, l'évidence se fortifiait. Au premier printemps de mon fils, nous avons donc planté des framboisiers.

La communauté des petits producteurs

La petite production est une attitude. Elle dépend de nos aptitudes, de nos valeurs, des besoins de la famille et des ressources locales. À la campagne comme à la ville, cette communauté se forme au fil des jours, à travers de petites actions. C'est particulièrement vrai en zone urbaine qui présente tout un réseau d'artisans, d'amis et de petits fermiers.

J'ai réuni chez moi un groupe de mères avec mes enfants, scolarisés à la maison, pour participer à des activités comme la fabrication de bougies, de conserves, le jardinage et l'élevage. Elles se sont montrées très intéressées, débordantes d'énergie et d'idées. Certaines font la classe à leurs enfants, d'autres non. Le groupe était aussi hétérogène par l'origine ethnique, le niveau de revenu, l'itinéraire spirituel et la carrière de

Comptine enfantine

C'est la poule
de ma grand-mère,
Qu'a pondu trois œufs
par terre,
Un cassé, un volé, un perdu,
Pars le chercher !

chacune. Mais nous habitions dans le même quartier et nous partagions la même volonté d'élever les enfants dans le respect de l'autre et de la nature. Toutes estimaient que des enfants sachant comment produire leur propre nourriture et fabriquer leurs propres affaires allaient devenir des adultes complets. L'une d'elles élevait aussi des poules et commercialisait les œufs à l'épicerie locale. D'autres cousaient, tricotaient ou jardinaient, et beaucoup auraient aimé élever des poules.

Un autre jour, avec ma famille, nous sommes allés à un petit marché de producteurs locaux. Un accordéoniste jouait des airs de musique populaire. Une école de musique proposa aux enfants de s'essayer au clavier électrique. J'ai beaucoup apprécié un jeune couple qui cultivait des légumes rares et bio sur de petites parcelles dans un jardin de banlieue. Leurs aubergines et leurs tomates zébrées étaient superbes.

Le groupe de mères organise régulièrement des achats groupés, notamment pour des aromates, des produits de nettoyage bio et même des bœufs entiers.

Ma petite ferme dépend de ma communauté ; je l'ai trouvée sur Internet, mais je rencontre souvent les personnes qui en font partie « dans la vie réelle ». Internet est un grand avantage, car il permet de prendre contact avec des gens ayant les mêmes conceptions, cherchant à former des communautés et à se créer une maison saine sans bouger de chez eux. Plutôt que de rejeter la technologie moderne, les petits fermiers urbains peuvent être plus forts en l'utilisant. Bien utilisé, Internet est un précieux instrument pour une communauté ; on y trouve des données sur les marchés de producteurs locaux, sur les parcelles disponibles, des techniques comme la culture bio-dynamique ou la permaculture, avec des forums, notamment de petits éleveurs familiaux. Les journaux spécialisés dans le jardinage ou l'élevage ou les journaux locaux constituent aussi de bons moyens d'entrée en contact.

Les petits fermiers urbains, désireux de vivre plus près de la terre créent littéralement un monde nouveau. Des potagers apparaissent au détriment des pelouses et des parkings. Les règlements évoluent pour s'adapter à la revendication d'une nourriture et de maisons plus saines. En 2009, le nombre de Français cultivant un potager est passé de 32 % à 34 % – et beaucoup d'autres aimeraient en avoir un. Les associations de jardins familiaux et de jardins partagés se développent et le phénomène est le même, sous diverses formes, dans tous les pays d'Europe, ainsi qu'aux États-Unis. Ce mouvement est aujourd'hui en pleine croissance, chacun souhaitant de plus en plus produire soi-même son alimentation, et les municipalités favorisant souvent cette tendance.

Il en va de même des marchés de producteurs locaux. Ils ne sont pas nouveaux, mais ils représentent une alternative à la dictature des supermarchés. La vente directe, par le producteur, est vieille comme le monde. Dans les dernières décennies, ces marchés sont devenus une méthode de commercialisation privilégiée pour de nombreux fermiers… et un rite hebdomadaire pour de nombreux clients. Ces clients, jardiniers et petits fermiers revitalisent notre civilisation en nous ramenant vers la terre.

CHANGER LE MONDE

Et si Internet et le développement croissant des marchés locaux et des potagers familiaux et communautaires permettaient de changer notre société ? Le mouvement des fermiers urbains est un processus spirituel de développement personnel, de renouveau du lien à la terre. On peut parler de réveil spirituel interculturel.

Je rêve d'un monde où chaque jardin donnerait une petite production, où chaque terrasse, coin de parc ou de square aurait son jardin biologique ; où un petit troupeau de poules serait un signe de prospérité – non financière, mais spirituelle ! Où tous les enfants grandiraient en relation avec la terre. En sachant qu'un plumage est doux et en ayant entendu les gloussements des poules. Imaginez… Quel monde ce serait !

Je crois fermement au pouvoir de la visualisation créative. Récemment, j'ai feuilleté un journal que j'ai tenu autrefois. J'y avais noté mes rêves : de beaux enfants, un mariage heureux, une belle maison et – oui ! – un élevage de poules. Dix ans plus tard, ces rêves sont devenus réalité. Il est possible de créer le monde individuel ou collectif dont on rêve en le visualisant, puis en faisant ce qu'il faut pour qu'il advienne.

En respirant dans votre maison, sur votre terrain, consacrez un moment à respirer avec le monde.

En pratiquant cette forme de méditation, il est très important de se concentrer d'abord sur soi-même, de s'enraciner.

Faites-le en prenant conscience du poids de votre corps sur la terre ou en imaginant des racines partant de vos pieds et s'enfonçant dans le sol. Pour vous enraciner, soyez attentif à vos sensations internes. Avant cette méditation, prenez le temps de vous concentrer sur vous-même.

Fermez les yeux pour sentir votre conscience s'étendre au-delà de votre corps. Englobez votre maison dans votre conscience et votre respiration. Englobez ensuite le voisinage. Prenez votre temps. Ensuite, étendez votre concentration pour y intégrer la ville. Continuez ainsi jusqu'à respirer avec votre pays, avec le continent, avec la planète.

> La pollution et les ordures nous inquiètent. On devrait prendre exemple sur les fermes et la manière de les entretenir, et ne pas être aussi égoïste.
>
> HIRZA MAHMOUD, 11 ANS, CITÉ SUR WWW.FARMGARDEN.ORG.UK

La première fois, prenez votre temps. Ressentir la planète entière peut être éprouvant – mais aussi libérateur : on devient tellement immense ! Nous ne faisons plus qu'un ! Continuez à respirer. Si vous vous sentez excessivement vaste, revenez aux sensations de votre corps. Ancrez-vous dans votre corps.

Lorsque vous vous sentez parfaitement prêt, visualisez les interconnexions entre chaque individu enraciné chez lui, ancré dans son moi, produisant une partie de sa nourriture, de ses vêtements et prenant soin de son habitat. Imaginez les merveilleuses possibilités de l'artisanat, les tissus, les meubles, les instruments de musique, mais aussi celles des ordinateurs, des téléphones portables, des satellites. Continuez à respirer. Quelle sorte de monde souhaitez-vous créer ?

Revenez à vous-même en respirant dans votre hara, votre centre d'énergie, votre ventre.

Concentrez-vous sur votre corps. Ressentez les vibrations dans vos mains et vos pieds et votre poids sur le sol ou sur la chaise. Revenez à votre centre, au centre sacré qu'est votre corps. Revenez chez vous. Si vous êtes un peu étourdi, essayez de manger, de vous préparer une boisson chaude ou asseyez-vous simplement sur la terre. Asseyez-vous le dos contre un arbre : il vous montre comment s'enraciner.

> [La petite ferme urbaine] s'est toujours articulée sur un désir de vivre une vie bonne et morale, à même de racheter la société ou, du moins, l'individu.
>
> Rebecca Kneale Gould [32]

> L'éveil de notre moi véritable est l'éveil à la totalité [du monde], brisant l'auto-prison de l'ego séparé. Celui qui perçoit cela est le bodhisattva – et nous sommes tous des bodhisattvas car tous, nous sommes capables de l'expérimenter.
>
> Joanna Macy [33]

Au-delà des poules

J'ai commencé à considérer ma maison comme une petite ferme lorsque j'ai installé un élevage de poules dans mon jardin. Cela m'a non seulement permis d'avoir des protéines, mais cela a aussi bouclé une boucle. Notre terrain nous donne des légumes, des fruits et des œufs. Nos déchets retournent en grande partie à la terre sous forme de compost, de nourriture pour volailles et, finalement, de fumier. Les poules sont un moyen charmant et facile pour passer à un stade supérieur. Elles me suffisent. Pour d'autres, elles ne sont qu'un début.

Les poules sont un premier pas vers la ferme. Si leur élevage vous plaît, vous vous interrogerez peut-être alors sur la manière d'aller plus loin. Les poules produisent beaucoup d'œufs en nécessitant peu de travail et en n'ayant rien à tuer (sauf les vers de farine !). De ce fait, l'animal qui vient naturellement après la poule, dans votre ferme urbaine, est le canard. Il a besoin d'eau. La canne pond dans le foin et non dans un pondoir, et son abri est plus simple que le poulailler : il n'est pas nécessaire qu'il soit aussi étanche. Mais il faut changer le foin régulièrement. Les défections sont plus liquides et plus salissantes. En outre, le canard est plus bruyant, avec un caractère plus gai. Les œufs sont en général plus nombreux, plus gros et plus savoureux.

La suivante sur la liste est la chèvre. Mais les règlements municipaux interdisent souvent les gros animaux. Elle donne du lait et de la laine et atteint un poids, selon la race, de 10 à 120 kg. Les chèvres naines sont aujourd'hui populaires dans les milieux urbains. Originaires d'Afrique et des Caraïbes, elles aiment la chaleur et, pour leur taille, elles donnent un bon volume de lait, à condition qu'elle soit gestante. Le rut a lieu entre septembre et novembre et la gestation dure cinq mois. La chèvre donne du lait pendant dix mois, avec une période de repos de deux mois. Les agneaux sont vendus pour la viande ou la reproduction et les agnelles comme chèvres laitières. Les brebis sont aussi envisageables, même à très petite échelle, pour le lait et la laine. On peut les tondre à la main – mais c'est assez difficile. L'élevage des brebis lainières conduit naturellement à tisser, à tricoter et à fabriquer du feutre – une belle et ancienne tradition. Toutefois, avant de vous décider pour des chèvres ou des brebis, il faut consulter un éleveur local afin de vérifier si ces animaux sont un bon choix, compte tenu de vos besoins, de votre style de vie et de votre terrain. Il leur faut tout de même un grand terrain, à l'aune du jardin de banlieue moyen.

Le lapin est un animal qui s'adapte bien à un environnement urbain, car il est facile à élever, il est de petite taille et c'est un adorable animal de compagnie. Il donne une bonne litière pour le compost et ses petits sont pleins de charme. Cependant, du point de vue de la production, il n'est élevé que pour la chair. J'apprécie les poules, qui fournissent des aliments protéinés sans que l'on soit obligé de tuer.

Les chèvres naines produisent un volume moyen de près de 3 l de lait par jour, et au minimum un demi-litre. La génétique et l'élevage jouent un rôle important dans la production laitière. Contrairement à de nombreuses races classiques, les chèvres naines nigériennes se reproduisent toute l'année (comme d'ailleurs bien d'autres chèvres naines), ce qui permet d'avoir une production laitière stable sur douze mois.

Association américaine des chèvres laitières naines
www.miniaturedairygoats.com

L'apiculture est de plus en plus répandue et l'on peut suivre des cours dans nombre de grandes villes. En outre, le matériel de base pour commencer un élevage d'abeilles est peu onéreux.

Nous voici revenus à l'intérêt de la communauté pour la petite production urbaine – ou non urbaine. Les dimensions de mon jardin et les règlements limitent les possibilités au jardinage et aux poules. Toutefois, grâce à l'agriculture de proximité, je peux me procurer du lait, du miel et même de la viande auprès de producteurs locaux, auxquels je rends régulièrement visite.

Partager l'amour

Le militantisme est un aspect du mouvement des petites fermes urbaines. Lorsque l'on élève des poules et que l'on constate à quel point cette activité est facile et enrichissante, on veut la faire partager à d'autres. Les associations en ligne, les groupes d'amis ou de collègues sont des milieux où l'on peut vanter les mérites des jolies cocottes.

Les jardins scolaires se développent ; ils apprennent aux enfants à découvrir les plantes et le sol, à les entretenir, et leur donnent des notions d'économie. L'étape suivante pourrait être le poulailler scolaire. L'élevage des poules peut être conduit dans les écoles, les jardins partagés, les jardins partagés et les parcs. Il suffit d'avoir de l'eau, un local pour la nourriture, un poulailler et un enclos. Soyez sûr que les volontaires ne manqueront pas pour s'en occuper.

La ferme urbaine est déjà une réalité. On y élève des poules, des abeilles et des dindes. Des volontaires prennent soin des poules et se partagent les œufs. Ce modèle d'agriculture collective ne peut que se développer, les participants faisant l'expérience de ses bienfaits et de ceux de l'économie coopérative.

Le plus gros obstacle à son développement, et à celui de la petite ferme urbaine familiale, est simplement leur image auprès du public. Les gens ne sont pas habitués à produire leur nourriture ni à voir des poules dans un parc. Ils ne savent pas que l'élevage à petite échelle réduit les risques de germes pathogènes dans les déjections, liés à la salmonellose et à l'influenza aviaires. Ils croient en outre que les volailles attirent les prédateurs et les nuisibles. Mais vous, les amateurs de poules, pouvez changer les choses ! Pour cela :

- **Écrivez des lettres de défense de la petite agriculture aux journaux locaux.**

- **Créez un blog sur votre élevage de poules.**

- **Invitez des groupes chez vous, pour leur faire découvrir votre jardin et vos poules : enfants scolarisés, associations culturelles et autres.**

- **Impliquez-vous dans la vie locale, dans les municipalités, dans les coopératives pour défendre les élevages familiaux urbains.**

- **Fondez une coopérative, dans votre quartier, pour échanger œufs, miel, fruits, légumes et autres produits.**

Les nouvelles formes de production et de consommation changent la donne. Nous voulons contrôler notre alimentation et notre vie, briser la barrière entre les fermes de production et la vie urbaine. Nous voulons vivre selon nos valeurs : la santé, la nature, la vie communautaire. En partageant nos productions, en travaillant ensemble et en suivant nos rêves, nous pouvons créer un monde basé sur la paix, la coopération, la vie saine et la prospérité naturelle. La petite production familiale y trouve toute sa place. Et vous, quel rôle voulez-vous y jouer ?

CHAPITRE QUATRE

LA POULE OU L'ŒUF ?

Ostara, la vieille fête celtique de l'équinoxe de printemps (21 mars) approche. Ma famille et moi attendons impatiemment le renouveau saisonnier. Nous nous réjouissons de voir les pousses vertes de l'ail, les violettes qui s'épanouissent et cet autre signe qui ne trompe pas : de plus en plus d'œufs ! Nos poules, qui ont bientôt un an, pondent presque un œuf par jour. Cette production accrue est due à la lumière plus généreuse du soleil. Le jour s'allonge et sera bientôt égal à la nuit. Nous célébrons les bienfaits de la saison nouvelle chaque fois que nous ouvrons le poulailler pour y voir briller quatre beaux œufs. Le printemps est là !

Une poule au printemps

Les symboles d'Ostara sont liés à l'allongement du jour et au réchauffement printanier : des œufs, des poussins, des petits lapins, de l'herbe verte et des tons pastel : du violet, du jaune et du rose. Ce sont aussi les symboles séculaires de Pâques, la fête chrétienne du renouveau. Pâques vient un peu après Ostara, le premier dimanche après la pleine lune qui suit l'équinoxe de printemps. Ostara et Pâques parlent de renaissance. Dans la religion chrétienne, on mettait de côté les œufs pendant le Carême pour les consommer à nouveau à partir du jour de Pâques.

Si nous sommes joyeux au retour du printemps, les poules le sont aussi. Alors que reverdit l'herbe du jardin, elles gloussent d'impatience pour sortir de leur enclos. Mais si on les laisse au jardin, elles grattent et becquettent les jeunes pissenlits, les

Pour **colorer des œufs** pour la fête celtique d'Ostara, laissez-les tremper dix minutes dans une teinture. Utilisez des teintures naturelles : jus de betterave, jus d'oignon, vin rouge, décoction de curcuma, poudre de cacao, thé noir. Pour créer des motifs, enveloppez les œufs dans des peaux ou des feuilles d'oignon, avant de les plonger dans la teinture, ou dessinez préalablement sur la coquille avec des crayons à la cire.

On dit que le 21 mars, le jour de l'équinoxe de printemps, les œufs tiennent tout seul sur la pointe. On sait qu'à l'équinoxe, alors que le soleil traverse l'Équateur, le jour et la nuit sont d'égale longueur. Toutefois, s'ils ont une forme adéquate, les œufs peuvent aussi tenir sur la pointe les autres jours de l'année.

WWW.INCREDIBLEEGG.ORG

bourgeons qui débourrent et l'herbe nouvelle. La saison les excite, tout comme les humains. Elles ont envie de nuits chaudes et d'herbe grasse. Toutefois, j'ai décidé de ne pas les laisser saccager le jardin encore pâle et fragile. Je sais qu'elles détruiraient les feuilles encore chiffonnées de la rhubarbe et les jeunes pousses d'ail. Pour les consoler, je leur donne de l'herbe fraîche et des épluchures. Elles se précipitent dessus, lançant en l'air les touffes d'herbe et de trèfle et se chamaillant pour les meilleurs morceaux. Elles préféreraient le jardin, mais elles sont tout de même heureuses dans l'enclos.

On me pose souvent la question : ne faut-il pas un coq pour avoir des œufs ? La réponse est non. J'explique que nous-mêmes, les femmes, « pondons » un œuf chaque mois et qu'il faut un mâle – biologiquement parlant – pour qu'il soit fécondé. Les coqs ont mauvaise réputation : ils se battent, chantent et harcèlent les poules. Cependant, ces volailles ont été domestiquées à l'origine, dans le Sud-Est asiatique, il y a 8 000 ans, non pour les œufs, mais pour les combats de coqs, avec les paris qui allaient avec.

Les mâles ont des ergots qu'ils utilisent pour attaquer leurs adversaires et parfois les jeunes enfants. Toutefois, tous les coqs ne sont pas agressifs ou belliqueux. Un coq permet évidemment d'agrandir l'élevage, lorsque le cas se pose. Mais il chante à toute heure du jour, notamment tôt le matin, et c'est pourquoi il est généralement banni en milieu urbain.

La vérité sur l'œuf industriel

Les producteurs industriels d'œufs assurent que leurs poules, dans leurs batteries, sont saines et heureuses. Sur une vidéo, on voit des milliers de poules White Leghorns, à quatre dans une cage de métal, apparemment en assez bonne santé, picorant une nourriture contrôlée par ordinateur et disposant d'eau fraîche. Elles semblent propres et peuvent même bouger un peu (à peine !). Les groupes industriels du secteur ne semblent pas aussi mauvais que le disent certains défenseurs des droits des animaux. Pas de poules mortes, piétinées par leurs congénères, pas de tas de coqs jetés, pas de poules sanguinolentes, victime du piquage. Certes, elles ont un bec bizarre – on leur épointe au stade du poussin. Mais en général, l'élevage paraît davantage spartiate qu'inhumain.

Dans une usine à œufs, les employés évacuent bien sûr les oiseaux morts ou estropiés avant l'entrée de la caméra ou la visite d'un groupe d'étudiants. Mais le fait est là : les poules sont quatre dans une petite cage. Certes, elles ne savent pas ce qu'elles perdent en ne voyant jamais la lumière du jour ni un coin de terre. Elles sont nourries, désaltérées et soignées. Mais moi, je sais à quel point mes quatre poules sont heureuses quand je les laisse libres dans mon jardin. Elles protestent contre l'exiguïté de leur parc de 20 m^2. Les poules de batteries sont vivantes et saines, mais je ne pense pas qu'elles soient heureuses.

L'époque industrielle a transformé l'acte simple et naturel de pondre en un moyen de gagner de l'argent. Au début du xxe siècle, il y avait encore de nombreux petits élevages familiaux et les gens vendaient leur surplus d'œufs. Leur nombre s'est peu à peu réduit, à mesure que les grands élevages se développaient. Dans les années 1920 et 1930, les poules étaient encore en enclos, à l'extérieur, sur parcours d'herbe le jour et en hangar la nuit. La densité des oiseaux s'intensifiant, les épidémies se sont répandues, de même que le piquage et le cannibalisme. Et à l'extérieur, les poules étaient vulnérables aux prédateurs.

Lorsqu'on les a placées en poulailler industriel, la mortalité a chuté. On a contrôlé « scientifiquement » l'alimentation et généralisé les médicaments contre les maladies et les parasites. Dans les années 1940, l'élevage en batterie a fait son

En 2007, un magazine écologiste américain (*Mother Earth News*) a étudié les œufs de 14 élevages dont les poules sont en liberté sur un pré ou dans un enclos mobile, leur permettant d'accéder à volonté à l'herbe fraîche, tout en étant à l'abri des prédateurs. Comparés aux « œufs ordinaires », ceux-ci contenaient :

- 1/3 en moins de cholestérol ;
- 1/4 en moins de graisses saturées ;
- 2/3 en plus de vitamines A ;
- 2 fois plus d'acides gras oméga-3 ;
- 3 fois plus de vitamines E ;
- 7 fois plus de béta-carotène.

MOTHER EARTH NEWS [34]

apparition, les œufs, pondus « hors sol », étant préservés des souillures. L'alimentation s'est ainsi uniformisée.

Les sites Internet de l'industrie de l'œuf se félicitent de ces avancées technologiques puisqu'elles permettent d'obtenir une nourriture bon marché, contrôlée et facile à transporter. Mais dans ce processus, l'animal n'est plus considéré comme un animal, son bonheur n'est pas pris en compte.

Notre société industrielle automatisée a réduit la poule à son produit. L'œuf est une unité économique, produit par une unité économique et vendu à nous, qui sommes ainsi considérés comme des unités économiques ! Ce n'est plus l'histoire de la poule et de l'oeuf, mais de l'œuf et de l'argent. À Pâques, dans un supermarché, je trouve une douzaine d'œufs pour 2 €. Dans une boutique bio, je l'achète 4,50 €. Sur un marché de producteurs, on me propose des œufs bio de poules élevées sur parcours (2,5 m^2 par volaille) pour 6 € les douze. Les œufs de mon poulailler me reviennent à 1,60 € la douzaine – prix de l'aliment et de la litière*. Nous raffolons des œufs, mais chez nous, les poules passent d'abord.

Si tout le monde avait des poules, celles-ci seraient plus heureuses et les œufs meilleurs. Un petit élevage de diverses races nécessite rarement des antibiotiques et, à l'extérieur, les volailles ont le plaisir de prendre des bains de poussière. Pour nous, c'est aussi un plaisir que de leur donner de la bonne herbe, des insectes, des épluchures. Le contact physique est bon pour les poules comme pour les humains – elles savent même s'exprimer en nous effleurant d'une aile, d'une patte écailleuse. Loin d'une industrie, nous avons une relation.

L'achat d'œufs supplémentaires

On considère de plus en plus que traiter les animaux comme de simples unités économiques est inacceptable. En France, il existe le Label Rouge. En hiver, quand nos poules pondent moins, j'achète des œufs qui portent ce label. Il signifie que :

* Je calcule en divisant le coût de l'aliment non-bio par 60 jours, en tablant sur 4 œufs par jour. En fait, je n'ai pas 28 œufs chaque semaine – mais j'ai de l'engrais pour le jardin. 1,60 € la douzaine est donc une approximation.

• Le producteur respecte des règles précises, tant pour l'élevage que pour l'abattage.
• Les volailles ont suffisamment d'espace et bénéficient d'un traitement susceptible de limiter le stress.
• Elles ont suffisamment d'eau fraîche et une alimentation saine, sans antibiotiques ni hormones.
• Les cages sont prohibées et les exigences des espèces respectées.

En France, les œufs portent un numéro sur la coquille, indiquant leur catégorie. Le chiffre 0 correspond aux œufs bio (label AB). Le 1 signifie « plein air », le 2, élevage au sol et le 3, élevage en cage. Dans cette dernière catégorie, les poules sont en cages, parfois sur 6 ou 7 étages, avec une surface de 550 cm^2 par volaille et une hauteur de 40 cm ; à partir de 2012, la surface minimale sera augmentée 750 cm^2 par poule (il faut noter que l'élevage en cages est prohibé en Allemagne depuis le 1er janvier 2010). Cette situation concerne 90 % des poules pondeuses en France.

Les poules élevées « au sol » sont confinées en bâtiment et ne voient jamais la lumière du jour. Le nombre est limité à 12 m^2 ; la situation devrait « s'améliorer » en 2012 avec un maximum de 9 poules au m^2. L'alimentation est constituée de céréales, de légumineuses et de protéines animales et contient des antibiotiques.

Les poules « élevées en plein air » sont élevées en bâtiment, dans les mêmes conditions que dans le cas précédent, notamment avec la même densité, mais elles ont accès à un parcours herbeux : 2,5 m^2 par volaille.

Les pondeuses d'œufs en agriculture biologique (label AB) sont nourries à 90 % avec des aliments issus de l'agriculture biologique, sans antibiotiques et sans OGM. Elles sont élevées au sol, à 6 au m^2, et ont accès à un parcours herbeux à raison de 4 m^2 par volaille.

Pour les œufs Label Rouge, les poules sont en poulailler, au sol, à 9 poules au m^2, avec un parcours herbeux offrant 5 m^2 par poule. Leur alimentation comprend un minimum de 50 % de céréales et la lumière artificielle est prohibée.

Les pondeuses en « libre parcours » bénéficient d'un parcours arboré avec une surface minimale de 10 m^2 par poule. Les œufs Label Rouge ne sont pas obligatoirement bio. En revanche, on peut trouver des œufs de « libre parcours » bio ou Label Rouge.

Il existe donc une certaine évolution, même dans les grands élevages industriels. Malheureusement, les pratiques demeurent largement inhumaines. Les poussins mâles sont sacrifiés, comme les poules de réforme et dans des conditions souvent terribles. Dans tous les cas, je pense pouvoir affirmer sans l'ombre d'un doute le fait que les poules en grand élevage sont loin d'être aussi heureuses que celles qui évoluent dans mon jardin.

ŒUF ET NUTRITION

Les Français consomment près de 15 milliards d'œufs par an, sur un total de 95 milliards pour l'Europe. Les œufs apportent des protéines et des éléments nutritifs essentiels. Ils sont riches en calcium, en phosphore, en potassium et en vitamines D et B12. On a montré que le taux élevé de cholestérol du jaune n'affecte pas notre taux de cholestérol. Les protéines de l'œuf sont facilement assimilables et le corps peut les utiliser rapidement.

Fécondé ou non, l'œuf commence par le jaune, ou vitellus, dans l'ovaire de la poule – un œuf non fécondé est une simple cellule. L'ovaire se prolonge dans l'oviducte, série de poches et de tubes que suit le jaune en devenant un œuf. La coquille est faite de carbonate de calcium qui se fixe peu à peu, formant des concrétions, ce qui explique pourquoi les œufs présentent parfois, en surface, des sortes de bosses. Quand la coquille est devenue dure, l'œuf est poussé dans le vagin par des contractions musculaires ; il reçoit alors son « vernis », une couche empêchant les bactéries et la poussière de pénétrer par les pores. Il subit une rotation et il est enfin pondu. Le cycle complet demande 24 à 26 heures. Le processus recommence après un

Compte tenu de leurs acides aminés essentiels, les **protéines de l'œuf** viennent en seconde position, comme aliment idéal pour l'être humain, après le lait maternel.

repos d'une demi-heure, en fonction toutefois de la lumière, de l'alimentation, de la race et de l'âge de la poule.

Un œuf contient 6,5 g de protéines et 5,8 g de graisses (mais peu de graisses saturées). Il est riche en phosphore, en fer, en iode et en vitamines B. Beaucoup de femmes présentent des carences en ces trois derniers éléments et les œufs leur sont donc conseillés, surtout quand elles sont enceintes ou en lactation. L'œuf contient aussi de la choline, autre élément important durant la grossesse ; en outre, un taux élevé de choline réduit les risques de cancer du sein. L'œuf est également riche en vitamine D qui fait défaut à beaucoup de gens menant une vie sédentaire, car elle est synthétisée par l'exposition au soleil. Conclusion : allons au jardin jouer avec les poules et mangeons des œufs !

Un œuf de poule élevée en libre parcours est plus riche en de nombreux nutriments, notamment en vitamines D (trois à six fois plus qu'un œuf de batterie), et contient deux fois plus d'acides gras oméga-3. Comme les légumes bio sont meilleurs à tout point de vue, les œufs produits par des poules en liberté sont plus nutritifs. On peut en dire autant des autres aliments. Une vache de l'agrobusiness, par exemple, produit vingt fois le volume de lait nécessaire pour nourrir son veau, mais cela entraîne une diminution du taux de vitamines [35]. Le retour à de petites fermes et à la petite production urbaine permet une augmentation du pouvoir nutritionnel des aliments.

Un œuf non fécondé est une simple cellule.

Une étude sur les propriétés nutritionnelles des œufs et leurs bénéfices pour la santé, de la diététicienne Carrie Ruxton et des nutritionnistes Emma Derbyshire et Sigrid Gibson, montre que les « œufs peuvent jouer un rôle important dans le contrôle du poids et dans les régimes et peuvent même aider à prévenir la dégénérescence maculaire liée à l'âge – pouvant entraîner la cécité – grâce aux anti-oxydants qu'ils contiennent » [36]. Selon Paul Pitchord, les œufs peuvent même diminuer les risques de fausse couche et combattre la diarrhée par l'accroissement de l'énergie corporelle [37].

Dans la cuisine ayurvédique, les aliments sattvatiques sont considérés comme une médecine pour le corps et l'esprit ; la qualité de l'énergie est largement déterminée par la qualité et la composition des aliments, liés à leur origine, leur mode de production et aux méthodes de cuisson. Le régime sattvatique est lacto-végétarien : il prohibe la viande et les œufs, considérés comme destructeurs de la vie sensible. [38] En revanche, d'autres régimes autorisent les œufs s'ils sont humainement produits et non fécondés.

Des œufs frais et sains

Les œufs doivent être conservés au réfrigérateur, afin qu'ils restent frais. La coquille est poreuse ; elle présente des milliers de pores permettant l'évacuation de l'humidité et du gaz carbonique, ainsi que la pénétration de l'air. Ces échanges sont plus importants à température ambiante et encore plus si les œufs ont été lavés, comme ceux du supermarché. Les œufs des petits fermiers ou des élevages familiaux ne sont pas lavés, de manière à conserver leur vernis protecteur qui les garde frais.

Si un œuf est touché par la salmonellose, les bactéries ne sont pas tuées par le froid ; toutefois, la salmonellose est rare, surtout pour un élevage familial où on ne lave pas les œufs (couvrant ainsi leur vernis). Une cuisson prolongée est la meilleure manière d'éviter tout risque de salmonelles et d'autres bactéries.

Les poules qui ne sont pas soumises à la lumière électrique pondent moins pendant les jours courts. On peut conserver des œufs au réfrigérateur mais 2 mois est un maximum. Au-delà, le blanc se dilue et peut même se dessécher complètement ; dans ce processus, ses propriétés antibactériennes diminuent, ce qui peut le rendre toxique. Ceci est vrai pour les œufs de supermarchés comme pour ceux de votre poulailler. Il vaut mieux les manger aussi vite que possible.

Dans un journal de petits producteurs (*Mother Earth News*), publié dans l'État du Nouveau-Mexique aux États-Unis, Sheelaph Cox explique comment elle conserve les œufs d'été, pour les consommer en hiver :

« Dans un bol, cassez deux œufs frais pondus. Avec une fourchette propre, brouillez-les grossièrement, sans les battre. Huilez légèrement un ramequin en Pyrex ; versez-y les œufs et placez-le au congélateur. Vous pouvez traiter ainsi une grande quantité d'œufs. Après congélation, placez les œufs solidifiés dans un sac en tassant ; fermez-le et mettez-le au congélateur. Privilégiez les sacs de deux œufs qui est la quantité la plus pratique pour la cuisson et la consommation. Mettez-les à décongeler au réfrigérateur, puis préparez-les comme des œufs frais, brouillés, en omelette, dans la pâtisserie, etc. » [39]

Un œuf souillé peut être lavé sous le robinet, mais il faut alors le consommer rapidement. Pour vérifier qu'un œuf est consommable et sain, placez-le dans un bol d'eau. S'il flotte, il est trop vieux : le développement de la bulle d'air à la base, qui le fait flotter, indique qu'il s'est desséché : il aura alors une texture désagréable et peut être toxique. Vous pouvez aussi le placer devant une lampe afin de le « mirer », ce qui vous permet de voir la poche d'air : si elle est petite, il est frais, mais si elle est volumineuse, mieux vaut le jeter.

Pour avoir des œufs propres, il faut entretenir le pondoir. Changez fréquemment la paille, nettoyez les déjections et ramassez les œufs quotidiennement. Utilisez aussi des cartons à œufs bien propres. Je recycle les miens, mais je les composte s'ils sont souillés de déjections, de boue ou de blanc.

D'autres noms pour l'œuf

Uòu (occitan)

Ue (chti)

Vi (Breton)

Zef (Créole Réunion)

Caquin (Berrichon)

Ieu (Pays messin)

Lorsque nos poules ont commencé à pondre, elles ont donné de petits œufs, parfaitement charmants,

Les autres œufs par rapport à celui de la poule :

- Les œufs de canard, d'oie et de dinde sont plus gros et contiennent davantage de graisses.
- Un œuf d'autruche équivaut à deux douzaines d'œufs de poule.
- Le poids d'un œuf de caille est le cinquième de celui de la poule.
- L'œuf de pintade est plus petit que celui de la poule et a un goût très fin.
- Les œufs de mouette rieuse sont consommés en Angleterre et en Scandinavie.
- Les œufs d'iguane sont parfois vendus sur les marchés, en Amérique latine.

d'une couleur brun-rose. Nous les avons placés dans un carton, avec de gros œufs achetés, et nous avons pris une photo. J'étais peut-être plus fière que les poules ! Nous avons essayé de savoir laquelle avait pondu l'œuf doré – le tout premier –, mais sans succès. Outre leur petitesse, ces œufs avaient une coquille imparfaite, l'organisme des pondeuses n'étant pas encore parfaitement adapté. Un jour, en ouvrant la porte du pondoir, ma fille s'est exclamée qu'il y avait dedans quelque chose de « dégoûtant ». Il s'est avéré que c'était un œuf sans coquille. Afin que nos poules aient suffisamment de calcium pour que les coquilles soient solides et le plus parfaites possible, nous leur donnons des coquilles lavées et écrasées. Cela fonctionne très bien.

Un Tout parfait

Bien entendu, si nous nous donnons tant de peine pour mieux connaître, obtenir, ramasser et conserver les œufs, c'est pour les consommer. Outre leur caractère nutritif, ils offrent mille possibilités : salades, cocotte, gâteaux, desserts ; au petit-déjeuner, au déjeuner, au thé et au dîner. Tous les pays ont leurs spécialités, l'omelette et le soufflé en France, la frittata en Italie, les sautés en Chine et en Thaïlande, l'œuf poché en Grande-Bretagne et l'œuf brouillé aux États-Unis. Nous séparons les blancs pour les monter en neige, pour la mousse ou les gâteaux légers, et utilisons les jaunes pour les cannelés. Nous appliquons du blanc au pinceau sur le pain et nous nous en servons pour épaissir les sauces, comme ferment et comme liant, notamment pour le pain sans gluten. On dit que la toque d'un chef cuisinier digne de ce nom comporte cent plis, chacun correspondant à une façon de cuisiner les œufs.

Les œufs sont l'une des rares sources de protéines animales que l'on peut consommer en entier (avec les poissons de friture et les escargots). Nous ne mangeons pas les coquilles – on peut toutefois le faire, après broyage, comme complément de calcium. Nous les jetons sur le tas de compost ou les donnons aux poules. Ainsi, rien n'est perdu. Un œuf est un aliment parfait : les graisses du jaune aident à assimiler les protéines du blanc. Il

Un œuf frais...

- est toujours plus difficile à écaler qu'un œuf de cinq ou six jours ;
- a un albumen (le blanc) qui s'étale peu dans la poêle quand on le casse.

est en outre polyvalent parce que ses protéines contiennent des acides aminés à la fois hydrophiles (qui attirent l'eau) et hydrophobes. Lors de la cuisson, la chaleur dénature ces protéines ; les parties hydrophobes et hydrophiles forment un réseau dans lequel l'eau est piégée. C'est le processus de coagulation.

C'est cette nature à la fois hydrophile et hydrophobe des protéines du blanc qui permet de les monter en neige. « Lorsque la protéine de l'œuf est en contact avec une bulle d'air, une partie est exposée à l'air alors que l'autre est toujours dans l'eau. La protéine se déplie de telle manière que ses parties hydrophiles se lient à l'eau – et ses parties hydrophobes restent liées à l'air. Et lorsque ces protéines se déplient, elles se lient les unes aux autres – comme sous l'effet de la chaleur – créant un réseau qui piège les bulles d'air » [40]. Lors de la cuisson d'œufs battus en neige, le gaz à l'intérieur des bulles se dilate, les acides aminés de la paroi de la bulle se dénaturent et la bulle perdure. C'est ce qui permet de faire des soufflés et du pain sans gluten (les protéines de l'œuf fournissant une structure de substitution aux protéines du gluten).

Le jaune contient de la lécithine, dont la molécule comporte une partie hydrophile et une partie hydrophobe. C'est cette particularité qui permet de l'utiliser comme émulsifiant, dans le mélange eau-huile, la partie hydrophile se liant à l'eau et la partie hydrophobe à l'huile, rendant l'ensemble stable. On utilise cette propriété pour la mayonnaise, la glace ou la sauce hollandaise.

L'œuf est nourrissant et polyvalent, mais cependant fragile et périssable. Il est utilisé sous toutes les latitudes et à tous les repas. Il contient un jaune épais, qui permet de lier des forces opposées, et un blanc léger, qui prend du volume ou se solidifie, le tout sous une forme parfaite et naturelle. C'est pourquoi il a été considéré comme un symbole spirituel dans toutes les civilisations : symbole de vie, de survie, d'avenir et de miracles. En outre, il est délicieux !

Nettoyer un œuf souillé

Lavez-le à l'eau froide, si vous allez le consommer sous un ou deux jours. Si vous souhaitez le conserver plus longtemps, contentez-vous de le nettoyer à la brosse dure.

L'œuf est nourrissant et polyvalent, mais cependant fragile et périssable.

L'ŒUF NOURRISSANT

Chez nous, nous mangeons beaucoup d'œufs. Les œufs font partie de notre vie. Quand il était petit, mon mari raffolait du petit-déjeuner anglais préparé par son père : œufs, bacon et toasts. C'est lui qui m'a appris à bien faire l'omelette. Aujourd'hui, chaque matin, il cuisine des œufs pour notre fille. Un œuf est un aliment, mais aussi un symbole de nourriture – non pas seulement physique, mais aussi sur le plan de l'amour et de l'affection.

L'œuf représente la fécondité, même s'il est rarement fécondé de nos jours – quelle signification faut-il accorder à ce fait quant à notre attitude vis-à-vis de la fécondité et de la créativité ? Peut-être aucune. Je ne veux pas de coq à cause du bruit, mais aussi parce qu'il est souvent violent. Je ne veux pas d'œufs fécondés. Mais je ne puis m'empêcher de me demander ce que cela veut dire, au niveau de l'énergie, que chez beaucoup d'animaux de ferme, le mâle soit considéré comme un problème.

Mais je m'égare. L'œuf est un symbole de renaissance, de fertilité et une perfection ronde. Dans le zoroastrisme, on peint des œufs pour le nouvel an, qui correspond à l'équinoxe de printemps et on les dispose sur la table de cérémonie pour représenter l'espoir ; lors des mariages, on fait tourner un œuf autour de la tête du marié afin d'éloigner le mal. En Amérique latine, le système de médecine traditionnelle et de chamanisme du *curanderismo* utilise l'œuf pour nettoyer l'esprit. Le *curandero* (ou la *curandera*) passe et repasse un œuf, trempé dans l'eau bénite, sur la tête du patient ; ensuite, il le casse dans un bol pour « lire » des indications sur la maladie de celui-ci.

À la Pâque juive (Pessa'h), au repas de fête, il y a un œuf, représentant le sacrifice et le renouveau ; et aux funérailles, c'est aussi un œuf qui symbolise l'espoir et la vie.

Dans les textes hindous, le système solaire est appelé l'Œuf de Brahma, dieu de la création. Le Soleil est le jaune, entouré des planètes en orbite. Brahma créa cet œuf cosmique qui, un jour, sera détruit, puis recréé, puis détruit à nouveau, dans le grand cycle des naissances et des morts.

> Dans l'Égypte ancienne, le symbole de l'œuf était utilisé pour signaler un embryon dans la tombe d'une femme.
>
> BARBARA WALKER [41]

L'œuf a également des similarités avec le Soleil, car celui-ci a trois couches, le cœur (jaune), la zone radioactive (blanc) et la zone de convection (coquille). Et la légende de l'œuf de Brahma plonge ses racines dans les vieux mythes d'Astarté-Hathor concernant l'œuf d'or du Soleil. Astarté est assimilée à de nombreuses divinités, dont l'égyptienne Hathor. Hathor crée l'univers comme la poule pond des œufs : encore et encore !

Nourrir son œuf d'or

L'œuf est ainsi un symbole de lumière, de puissance, de créativité et de fécondité. Utilisez la méditation de l'œuf qui suit lorsque vous vous sentez embarrassé ou perdu dans votre vie. Comme une poule forme un nouvel œuf jour après jour, vous revitaliserez vos rêves et trouverez votre voie. Lisez-la, puis apprenez-la ou enregistrez-la afin de mieux la répéter.

Choisissez un lieu et une heure où vous ne risquez pas d'être dérangé. Asseyez-vous confortablement ou étendez-vous et fermez les yeux. Prenez quelques inspirations profondes pour que l'air vous nettoie les poumons. Expirez le vieil air le plus possible. Ensuite, respirez normalement : vous sentez l'air frais vous pénétrer le corps, vous nourrir le sang et les cellules. Concentrez-vous sur votre plexus solaire – situé entre le sternum et le nombril. C'est le lieu de nombreuses terminaisons nerveuses et, métaphysiquement, le centre de la puissance individuelle. Tout en respirant, sentez votre respiration atteindre cet endroit. Imaginez que votre plexus solaire brille comme un soleil de couleur jaune d'œuf. Sentez-en la chaleur.

Imaginez-vous dans l'allée d'un grand et beau jardin. Sous vos pieds, vous percevez la fraîcheur des dalles. Vous vous sentez bien. Votre respiration s'écoule en vous, vous apportant la lumière du soleil et la respiration des plantes. Votre plexus solaire brille vivement. Marchez un moment, sous la chaleur du soleil et la douceur de la brise. Les abeilles butinent les fleurs, changeant le soleil en miel d'or. Les oiseaux pépient et gazouillent. Tout est bien.

Ensuite, vous remarquez un nid dans l'herbe. Vous vous penchez et découvrez un œuf d'or. Il n'y a pas d'oiseau près de ce nid qui aurait pu pondre cet œuf. Vous sentez que vous pouvez le toucher. Vous effleurez l'œuf des doigts. Il est chaud. Prenez-le et tenez-le dans la paume de la main.

Vous regardez l'œuf d'or et il se déforme, comme de l'huile sur de l'eau. C'est l'image de vos rêves les plus beaux. Asseyez-vous et respirez jusqu'à ce que les images deviennent claires. Vous jouissez de ce tableau. L'image peut changer, inclure plusieurs rêves. Laissez-les venir. Laissez le flux positif des sentiments de joie et d'amour entrer en vous comme la lumière solaire en contemplant vos rêves. Certains sont peut-être secrets, de vous seul connus. D'autres peuvent même vous surprendre, sans vous troubler. D'autres représentent le but de gros efforts. Laissez-les tous apparaître devant vous.

Si aucune image ne vient, notez les possibilités ouvertes. Vous pouvez y revenir plus tard. Notez vos sentiments alors que vous êtes face à vos rêves. Permettez d'être à ce qui est.

Quand l'œuf est redevenu or, remettez-le dans le nid et remerciez-le. Levez-vous en esprit dans le jardin, étirez-vous et respirez. Revenez alors dans votre corps. Comptez doucement, à rebours, à partir de dix. En atteignant un, ouvrez les yeux et respirez. Les yeux ouverts, placez les mains sur votre plexus solaire. Vous savez que l'œuf d'or de vos rêves s'y trouve. Dans la vie quotidienne, en travaillant et en œuvrant pour que vos rêves deviennent réalité, vous pourrez revenir à ce centre afin d'y trouver encouragement et orientation.

LE RAMASSAGE DES ŒUFS

J'ai décidé d'élever des poules parce que je voulais des œufs frais, locaux et délicieux. Je désirais que mes enfants sachent d'où vient la nourriture. Je voulais qu'ils puissent caresser les poules et à les soigner. Je voulais qu'ils sachent qu'ils ne sont pas, à l'heure de se forger une vie saine, à la merci de quelque industrie lointaine. Enfin, je voulais qu'ils aient la joie, comme moi à leur âge, d'aller ramasser les œufs.

« Maman ! » Ma fille de 4 ans m'appelle un matin : « On a quatre œufs ! Et celui de Tallulah, il a deux jaunes ! » Elle resplendit de fierté et d'excitation.

Et c'est vrai. Le gros œuf brun cassé a deux jaunes orangés bien brillants. J'en casse un autre ; il faut frapper fort sur le bord du plat, car la coquille est solide. Celui-ci n'a qu'un jaune, mais lui aussi est dense et coloré, avec un albumen qui ne coule pas.

C'est une grande joie de nourrir ma famille des œufs de notre poulailler. Ils sont délicieux, pleins de vitamines et de nutriments et leur empreinte carbone est faible. Mais surtout, mes enfants savent d'où il vient. Ils aident à soigner les poules qui les nourrissent. Ils voient la différence entre les « œufs de la boutique » et les « œufs de poules » comme dit ma fille. Elle sait que ceux du supermarché sont également pondus.

Quand celles-ci ont pondu pour la première fois, mon mari a été un peu dégoûté par la réalité de la chose. C'est tellement plus facile, tellement plus « propre » de prendre les

C'est une grande joie de nourrir ma famille des œufs de notre poulailler.

œufs dans une boîte, sans une pensée pour l'oiseau qui les a produits. C'est un trait culturel qui a conduit des poulaillers vers la grande production industrielle. Nous sommes contents de payer pour que d'autres fassent le sale boulot. Pas de déjections à nettoyer, pas d'odeur, pas de saleté. Pas de ricanements sur le cloaque, le seul orifice dont est dotée la poule.

Mais la vie n'est pas propre. Je veux que mes enfants sachent comment gérer la saleté, que ce soit en nettoyant le poulailler ou en affrontant leur propre malaise face aux réalités de la vie. Je veux que mes enfants – et moi-même – soient conscients de la saleté, des origines de la nourriture et de la mort comme contreparties de la vie. Je veux qu'ils sachent ce qu'est la compassion.

Nous apprenons la compassion en prenant soin d'autrui. Quand ma fille tient dans la main un œuf encore chaud et regarde la créature qui l'a pondu et qu'elle, ma fille, va manger, elle connaît corporellement le sentiment de gratitude. Elle peut voir l'ainsité agitée des poules se chamailler autour du trèfle ou pour une tartine de beurre de cacao jetés dans l'enclos. Elle commence à comprendre, par expérience directe, ce qu'est une poule, le soleil, l'air, les graines et la saleté qui, littéralement, vont dans nos poules. Il n'est pas nécessaire de lui demander de dire « merci ». Mais elle expérimente aussi, en son corps, la joie et la gratitude de rapporter son petit panier avec ses quatre œufs. Pas de remerciements exagérés, mais un échange peu astreignant et joyeux.

Un jour, ma fille m'annonce qu'elle va voir s'il y a des œufs. Elle prend son petit panier – que je lui ai aménagé dans une corbeille de fleuriste venant du mariage d'une cousine, avec un morceau de boîte à œufs, en ne laissant que quatre alvéoles. Peu après, elle revient : « Il n'y en a que deux », me dit-elle d'un air déçu. Elle pose le panier vide sur le plan de travail. « Tu ne les as pas rapportés ? » Elle réplique : « Mais il n'y en a que DEUX ! J'ai deux mains. Je peux les porter. Le panier, c'est pour quand il y en a trois ou quatre. » Je lui représente qu'elle aurait pu les ramasser, puisqu'elle était là-bas.

En apprenant à respecter l'animal à travers sa propre expérience, l'enfant comprend que dans une relation, il y a des limites et un respect mutuel. En apprenant à élever et à soigner les animaux, il s'élève lui-même et apprend comment gérer ses futures relations. L'animal aide aussi l'enfant et l'adolescent a assimilé une compréhension de la souffrance de la mort dans le monde, parce qu'ils voient que d'autres êtres peuvent souffrir, être malades et même mourir, et qu'il faut donc être plein d'attention et d'amour envers autrui.

Mère Hildegard George [42]

Elle grimace d'un air dégoûté devant ma stupidité et va chercher les deux œufs avec ses deux mains, laissant là le panier. Au retour, elle essaie d'ouvrir la porte avec les mains prises. Un œuf lui échappe et tombe. Je la regarde : « Tu vois, je crois que le panier s'impose, même pour deux œufs. » Avec une moue de dépit, elle met l'œuf rescapé au réfrigérateur.

Mon bébé adore lui aussi les poules. Un après-midi, au tout début du printemps, avant qu'il y ait des pousses et des bourgeons risquant l'anéantissement, nous avons laissé les quatre demoiselles s'ébattre au jardin. Ma fille attrape alors Maisy et nous l'apporte, à mon fils et moi. Quand elle tient une grosse poule, une enfant de quatre ans est drôle à voir. Maisy paraît indignée, les plumes aplaties sur la poitrine de la petite, les pattes dressées à l'horizontale et les ailes bizarrement coincées de part et d'autre. Ma fille la pose près de nous et la caresse. Maisy s'accroupit comme font toutes les poules, notamment en présence du coq – mais c'est parfait aussi pour les caresses ! Le bébé bat des mains, glousse et donne une petite tape sur le dos de la poule – en petit humain qui apprend à se servir de ses mains. Maisy nous regarde de ses doux yeux orange, prudente mais confiante. Ma fille va chercher une autre poule tandis que Maisy, mon fils et moi savourons le plaisir de notre petite société ainsi que la chaleur du printemps.

J'ai parlé à ma mère de l'amour de mon fils pour les poules, et elle m'a dit que j'avais été pareille. « On te mettait dans ta petite chaise et on te laissait devant les poules. Tu pouvais ainsi rester à les regarder attentivement, tandis que nous vaquions au jardin. Tu adorais cela. » Je ne me souvenais pas que mes parents, petits producteurs aussi, avaient eu des poules (dévorées par un renard alors que j'étais toute petite). Les graines de la compassion pour la terre – et pour les poules – ont été semées en moi plus tôt que je ne l'avais cru. C'est moi, maintenant, qui sème les mêmes graines chez mes enfants.

Quand Jane Goodball, éthologue, avait quatre ans, elle se cachait des heures dans le poulailler familial, enfouie dans le foin, pour épier les poules en train de pondre. Elle en a été récompensée par le spectacle étonnant d'un œuf sortant du cloaque. La poule, pour un enfant, est un moyen relativement sans danger de découvrir le monde naturel. Elle est moins apprivoisée que le chat de la maison et moins sauvage qu'une mésange. L'enfant peut donc observer un oiseau qui vit dehors, tout en étant dans la famille. La petite Jane a appris le mystère de la poule et la patience nécessaire pour mener une recherche scientifique, à moindre risque, dans son poulailler.

Je crois qu'un jour ou l'autre, je vais trouver mon fils, qui n'a aujourd'hui encore que six mois, dans la maison des poules. La porte est juste à la taille de sa naissante curiosité.

Avec les poules, les enfants apprennent aussi la responsabilité. Barbara Kingsolver décrit le petit élevage de sa cadette. Lily choisit avec soin ses pondeuses et décide d'élever aussi des poulets de chair. « Nous ne tuerons que les méchants » [43], s'exclame-t-elle.

Plus de 8 600 espèces pondent des œufs – qui ont généralement la forme de celui de notre bonne vieille cocotte. Toutefois, ceux du hibou et du martin-pêcheur sont presque ronds, alors que d'autres sont très allongés. Le pingouin et le guillemot de Troïl, qui nichent sur les rochers, pondent des œufs pointus qui, lorsque l'oiseau les bouscule, ne roulent ni ne tombent. Le pluvier et divers bécasseaux pondent eux aussi des œufs pointus qui, disposés sur le sol la pointe vers le bas, occupent peu d'espace, ce qui permet à l'oiseau d'en couver davantage.

Bird's Eggs, their size, shape and colour, Nature Bulletin, Forest Preserve District of Cook County [44]

Lorsque je suis allée écouter une conférence de Barbara Kingsolver, j'ai eu le plaisir de rencontrer sa famille, venue la rejoindre dans sa tournée pour la fête des Mères. Quelqu'un lui a demandé si Lily avait pu acheter son cheval ; elle a répondu que, finalement, sa fille avait décidé de donner ses bénéfices à une œuvre de charité ; elle avait découvert en même temps le commerce, l'élevage des animaux et la joie de donner.

Les enfants apprennent en nous regardant et en nous imitant. En apportant des soins attentifs aux poules de notre jardin, ils se forment, entre autres, dans les domaines suivants :

- **Économie**
- **Élevage**
- **Politique**
- **Écologie**
- **Jardinage**
- **Paysagisme**
- **Menuiserie**
- **Autosuffisance**
- **Partage**

Surtout, ils découvrent un monde où l'animal a une âme ou, du moins, une valeur intrinsèque, où ils sont responsables de davantage que d'eux-mêmes et où leurs choix et leurs actes ont un impact réel.

Grâce aux poules et à notre jardin bio, je n'ai pas besoin d'infliger aux enfants une théorie abstraite. Ils apprennent en agissant. Ils découvrent l'importance de l'écologie directement, dans leur vie quotidienne, et non dans un film ou dans un livre décrivant ce qu'ils ne verront jamais. Bien sûr, à partir de l'élevage des poules, de quelque chose qu'ils aiment, je peux leur faire une leçon d'arithmétique ou de sciences (Combien d'œufs ? Comment mesurer l'aliment ? Quelle est la structure des plumes ?), ou encore d'écriture (p-o-u-l-e). Mais l'essentiel, ils l'apprennent de la manière qui est pour eux la meilleure, dans leur activité quotidienne qui les passionne et les fascine.

Comptine enfantine

C'était une p'tite poule blanche,
Qu'allait pondre dans la grange,
Pondait un p'tit coco,
Que l'enfant mangeait tout chaud.

Les enfants sont nos œufs. Sous leur coquille radieuse, ils portent notre espoir d'un avenir plus beau, plus sain. Si vous n'en avez pas, invitez ceux du voisinage. Vous pouvez :

- **Aider l'école à avoir des poules, ou inviter une classe.**
- **Faire un exposé sur vos poules et leurs œufs.**
- **Expliquez l'importance de bien traiter les animaux et les différences de qualité entre les œufs.**
- **Inviter des enfants à ramasser les œufs et à nourrir les poules – leur donnant la chance de les caresser et de tenir un œuf encore chaud.**

Les enfants qui ont la possibilité de découvrir la compassion envers les animaux pourront devenir des adultes responsables, ayant le souci de la terre, d'eux-mêmes et des autres formes de vie. C'est le plus beau cadeau que vous puissiez leur faire.

> Émouvoir et Sentir, c'est Expérimenter. Beaucoup de gens passent leur vie entière sans vraiment Émouvoir ou être Ému par qui que ce soit. Ils vivent dans un monde intérieur, d'imagination, qui peut les amener parfois à la joie, aux larmes, au bonheur ou à la douleur. Mais ils ne sont jamais vraiment Émus. Ils ne vivent pas, ils ont une vie.
>
> SEVEN ARROWS, HYEMEYOHSTS STORM [45]

Livres pour enfants ayant trait aux poules

- *Lola et Olga*, *Joyeux Noël, Ollie !* et *Ollie le râleur*, Olivier Dunrea
- *Ma poule, mes poussins*, Karen Wallace et Anita Jeram
- *La Petite Poule rousse*, Byron Barton
- *La Petite Poule rousse*, Pierre Delye, Cécile Hudrisier
- *La Petite Poule rousse*, Paul Galdone
- *Pénéloppe, la poule de Pâques*, Hubert Ben Kemoun, illustré par Stéphane Girel
- *Pou-poule !*, Loufane
- *Poussin noir*, Rascal et Peter Elliott
- *Les Poussins de Paulette* et *Les Œufs de Paulette,* Jane Chapman, Julie Sykes
- *Méli-mélo à la ferme*, Martine Perrin
- *Il était 10 petites poules*, Sylvia Dupuis
- *La Petite Poule noire*, Martina Schlossmacher et Mickaël Neugebauer, illustré par Iskender Gider
- *Bravo petite poule !*, Sarah-Emmanuelle Burg
- *L'Œuf de Madame Poule*, Christel Desmoinaux
- *L'Œuf et la Poule*, Iela et Enzo Mari
- *L'Œuf*, René Mettler, Pascale de Bourgoing
- *Organiser et Observer un élevage : de l'œuf au poussin*, Anne Burgy, Corinne Gentilhomme
- *Une poule sur un mur…*, Stéfany Devaux

CHAPITRE CINQ

L'ESPRIT DE LA POULE EST INSAISISSABLE

L'esprit du passé est insaisissable ;
l'esprit du futur est insaisissable ;
l'esprit du présent est insaisissable.

« Le Sutra du diamant »[46]

L'insaisissable présent

Mon fils de six ans aime les klaxons et les poules. Quand il est grognon, je l'emmène au poulailler, devant nos quatre oiselles. Il rive sur elles son regard, une goutte de bave à la lèvre, les bras et les jambes agités de mouvements d'excitation. Lui se baigne dans le monde et moi dans son aura douce et potelée. Ses belles joues de Bouddha, le duvet de ses cheveux et son sourire feraient fondre le cœur le plus dur.

Je me dis que ce bébé que je tiens alors qu'il babille avec les poules sera parti dans quelques années, quelques mois, quelques jours – devenu petit garçon, puis homme. Ce bébé-là n'est là qu'ici et maintenant. C'est vrai pour toute chose. Rien ne se répète. La fuite du temps s'impose à moi. Je ressens en profondeur la nature insaisissable du moment, de mes pensées et même de ce bébé entre mes bras. Je suis prise de vertige. Puisque l'instant sans cesse s'envole, je m'établis pleinement dans son déploiement et sa fuite. Il est comme l'éclat de lumière verte sur les plumes noires brillantes de mon Australorp noire, comme les nuages qui dansent et disparaissent.

Quand j'habite le moment présent, dans son déploiement et son évanouissement, je me remplis du miracle du présent. Mon cœur explose du précieux trésor de l'instant. Ce n'est pas seulement ce bébé chéri dans mes bras, ni la joie de mon élevage, ni la douceur de l'air printanier, mais les particules mêmes de l'instant qui me sont sacrées.

Puis, aussi vite, je retourne à mes pensées, je suis reprise par l'espace-temps. Mon esprit et mon ego s'imposent derechef. Je retrouve la vie quotidienne. Je reviens à mes listes : les habits du bébé, sa courbe de poids, appeler une amie. L'amour de mon enfant est toujours là, mais le sentiment de l'insaisissable instant, de l'insaisissable réalité, s'est évanoui.

Sous mes pensées, toutefois, bourdonne le champ des possibilités. L'énergie puisée en prenant conscience de la fuite du temps me permet de retrouver ce sentiment à tout moment en me concentrant sur ce bourdonnement. Je ressens, simultanément, la petitesse de ma maison, de ma vie, de mon environnement et le poids immense de toute chose. Chaque particule a sa place et sa valeur. Cependant tout change, s'en va, bouge, passe, en une grande danse. C'est la seule danse qu'il y ait.

> [L']univers existe dans un certain et vaste « ici » – ici représentant tous les points de l'espace et du temps à un instant donné.
>
> LYNN MCTAGGART [47]

Toutes les traditions spirituelles sont en fin de compte axées sur la recherche de l'unité avec l'univers. Chaque voie a ses propres outils, comme la méditation ou la prière, et chacune a son dogme, sa vision du monde. Mais le but est pourtant le même. En tant qu'humains, nous devons progresser vers l'unité avec ces outils, tout en nous en détachant en même temps pour ne pas en être esclave. L'outil ne doit pas devenir la voie. C'est pourquoi l'on dit qu'il faut tuer le Bouddha : les enseignements, en eux-mêmes, ne sont pas la vérité ; seuls le sont les enseignements intégrés en nous. Pour aller où nous allons, les enseignements et les outils sont nécessaires.

Le guide spirituel Ram Dass dit, à propos des différents systèmes spirituels : « Ma manière de les appréhender, en général, consiste à les ignorer. Je veux dire que je n'apprends pas tous ces systèmes. Parce que quelle que soit leur mise en forme, il m'a fallu aller au-delà ; aussi, pourquoi me fatiguer à la détailler » [48]. Il ajoute : « Telle est la situation à laquelle il nous faut faire face dans notre travail [spirituel]. Le but de ces efforts est un état non dualiste… Pour y parvenir, vous utilisez des méthodes qui participent du dualisme. Vous saisissez ? Vous utilisez le dualisme pour en parler. Vous utilisez le dualisme pour aller au-delà du dualisme ». [49]

Votre vie est votre pratique parce que peu importe si le dualisme que vous utilisez (les outils, le modèle, le début de l'état de conscience) pour parvenir à l'unité, ou le non dualisme, est de tenir un bébé ou de méditer. C'est approcher la voie qui compte. Que votre pratique spirituelle soit la prière dans une église, la méditation dans un ashram ou le ramassage des œufs, seule la démarche de compassion envers vous-même et autrui compte.

Par compassion, j'entends non seulement l'attention, mais aussi l'amour. L'amour de Dieu, si vous voulez. Quand je m'y plonge, tout est ma pratique. Alors, le « spirituel » s'étend à tout.

> J'avais six ans, j'étais dans la cuisine et je regardais ma petite sœur dans sa chaise, buvant du lait. Soudain, j'ai vu, c'était quelque chose comme Dieu versant Dieu en Dieu, si vous voyez ce que je veux dire.
>
> RAM DASS [50]

Ma vie est ma pratique parce qu'il n'est pas facile de demeurer dans le bourdonnement d'une haute conscience alors que j'ai ma liste de choses à faire. Pour donner le bain, changer la couche, réagir aux espiègleries de ma fille, j'opère rarement depuis la lumière iridescente du Tout Amour. J'aimerais bien, mais… C'est pourtant aussi une part de ma pratique. Je me recueille et je reprends du début.

Car le point essentiel du travail spirituel, celui de la petite ferme et de l'élevage des poules est la raison pour laquelle nous agissons : retourner à l'amour, chercher l'Infini en chaque occasion. Ainsi, la vie prend signification et valeur. Tout devient sacré. La respiration, chaque pas : tout est source de vie. Nous revenons au centre, à la vraie vie.

C'est la raison pour laquelle nous agissons : retourner à l'amour, chercher l'Infini en chaque occasion.

UNE VIE DE COMPASSION

J'éprouve la nécessité de prêter attention, dans la compassion, à tout moment, à toute chose. Je sais qu'ainsi je ne m'épuise nullement, mais que je me nourris. Pleine d'un amour infini pour chaque particule d'être, je puis servir la vie d'une manière qui me sert moi-même. Littéralement et spirituellement, quand je nourris les poules, je me nourris moi-même. Quand je soigne le jardin, je soigne la Terre et moi-même. Paradoxalement, dans cette perspective, quand je m'assiste moi-même, je ne suis nullement dans le narcissisme, mais dans le désintéressement de l'unité avec l'Esprit.

Au début de ce livre, je me demandais ce que signifie prendre la responsabilité de notre vie, de la Terre et de nous-mêmes. Il semblerait que la responsabilité soit de chercher la communion avec le présent sacré et, dès lors, d'agir avec compassion. Dans ce cadre, chacun a sa spécificité. Pour moi, une vie responsable signifie être attentive à des poules, à des enfants, à un mariage fondé sur le respect et d'avoir un comportement aussi « vert » que possible. Pour moi et pour chacun, l'essentiel est de n'être pas trop attaché aux actes qui découlent de cette vie de compassion et de responsabilité, mais de demeurer concentré sur la conscience qui les sous-tend et les génère. Je suis responsable quand je choisis de revenir à ce centre. Je suis trop attachée, sans doute, aux actes et aux outils quand je me reproche, par exemple, de ne pas utiliser assez les couches

> La Terre a une certaine vibration qui va
> Là, dans votre cœur, et c'est vous.
>
> EDGAR LEE MASTERS [51]

en tissu, d'avoir recours au sèche-linge (au lieu de le suspendre sur un fil à l'air libre), de n'élever « que » des poules (et pas de canards ni de chèvres !) ou d'acheter des œufs. Ces choses sont importantes, mais nul n'est parfait ! En cherchant à l'être, on perd de vue la compassion qui soutient les moyens d'y parvenir. Or, il faut de la compassion envers soi-même. Je reviens dans la voie en me recentrant dans l'immensité de l'univers de compassion – et je sais que tout est bien. Cela ne signifie pas qu'il faille faire n'importe quoi pour mener une vie de compassion.

Rappelons-nous la méditation de la vaisselle (voir p. 56) de Thich Nhat Hanh : « Les assiettes elles-mêmes et le fait que je sois ici à les laver, voici les miracles ! » Je ne cherche pas l'éveil spirituel des assiettes elles-mêmes, mais la manière dont je les approche peut me conduire plus loin, dans une relation centrée sur la compassion, avec le miracle de l'univers. Il en est ainsi de tout : yoga, prière, nettoyage du poulailler. Tout est miracle. Tout est voie spirituelle.

Une vie de compassion peut ressembler à presque tout, dès lors que l'on se rapporte à ce miracle de chaque instant. Cela nous centre sur ce qui est droit et vrai et tout coule de là. Je reviens à Ram Dass : « Vous saisissez que la seule chose que

Tout est miracle. Tout est voie spirituelle.

vous ayez à faire pour les autres humains, c'est de demeurer vous-même droit ; dès lors, faites ce que vous avez à faire » [52]. Donc, faites de la moto, du yoga, élevez des poules, faites l'école à vos enfants… Faites ce qui vous vient du cœur, de la compassion. Cette vie vous permet de vous concentrer sur votre foyer.

Le hic, c'est que le poulailler est parfois sale, que les poules sont parfois grincheuses… La vie est sale. Mais je m'arrange mieux de cette saleté quand je porte en mon cœur le caractère sacré de toute chose, du poussin au coq – et au Soleil pour lequel il chante.

Quand je me sens débordée de travail à effectuer ou submergée par des désirs qui me taraudent et me ralentissent – je désire m'asseoir et lire, ne pas m'occuper des enfants, je désire déménager, mais c'est dans cette ville que mon mari a son merveilleux travail… –, j'essaie de penser à l'essentiel. Je me dis que les enfants, un jour, seront grands, que j'aurai alors beaucoup de temps pour lire – et pour me morfondre s'ils ne pensent pas à appeler leur vieille mère.

Je liste aussi les avantages de cette ville ; ce n'est pas celle de mon cœur, mais c'est celle de mon foyer. Je suis destinée à être ici, à faire ces choses que j'ai choisies. Je prends une bonne inspiration, je me lève et je fais quelque chose. Je nourris les poules, je désherbe ou je cuisine et, ce faisant, je retourne à l'instant.

Mais le plus souvent, je suis simplement fatiguée. Je voudrais m'asseoir et ne rien faire,ou peut-être fondre en larmes.

> Il n'en est ainsi que lorsque vous commencez réellement à effectuer le voyage du guerrier, c'est-à-dire lorsque vous commencez à vouloir vivre votre vie pleinement au lieu d'opter pour la mort, lorsque vous commencez à sentir cette passion pour la vie et pour le développement, lorsque la découverte, l'exploration et la curiosité deviennent vôtres. Alors, au fond, si vous suivez votre cœur et vous trouvez que c'est souvent extrêmement dérangeant.
>
> PEMA CHÖDRÖN [53]

Mais je garde en moi l'essentiel : j'ai choisi d'avoir des enfants, de rester à la maison avec eux, d'avoir un grand jardin avec des poules, parce que ces choix sont au centre même de ce que je suis comme individu menant une vie de compassion – et de passion. Et, bien que j'aie envie de me coucher, j'enfile mes bottes et je vais fermer la porte du poulailler ; la Lune est claire et belle, la nuit sent le feu de bois ; j'entends le faible bruit des poules dans l'obscurité du poulailler et mon agitation s'apaise. Le caractère sacré de tout monte en moi et j'inspire profondément.

MÉDITATION DE RECENTRAGE

Avez-vous remarqué que la vie complique toujours les choses ? Quand vous vous félicitez d'avoir bien travaillé, une autre tâche pointe déjà son nez. C'est en général une question de relations – une fille de quatre ans, une poule échappée, un mari grognon. Et rappelez-vous, tout est relation ! Dans cette situation, je trouve bon de me recentrer consciemment sur moi-même. Voici comment je reviens au miracle de l'instant.

Prenez une profonde inspiration, puis une autre. Fermez les yeux et respirez. Sentez l'air pénétrer vos poumons. Localisez la contraction en vous. Je porte souvent la colère dans la poitrine et le ventre. Et vous ? Localisez-la. Respirez. En la localisant, vous vous détendez.

En vous détendant, vous ressentez une vague d'émotion nouvelle : la honte, la tristesse ou autre chose. Prenez-en conscience et laissez-vous guider par la respiration.

Descendez plus profondément. Vous parvenez à une partie plus calme de vous-même et une respiration plus profonde se met spontanément en place. Des images, des souvenirs, des sensations se présentent. Laissez-les venir sans vous y arrêter. Si une pensée, un souvenir vous domine, notez-le simplement et revenez à votre respiration. Revenez à la sensation dans votre corps. Demeurez avec ce qui est. Le but de la méditation n'est pas de chasser toute gêne, mais simplement d'en prendre conscience.

Pour ce faire, respirez et revenez sans cesse à vous-même. Soyez plein de curiosité et de compassion envers vous-même.

Trouver le Présent sacré

Il est souvent utile d'avoir une image ou une sensation, une sorte de point de passage à partir duquel on peut trouver le miracle sacré de ce qui est. Moi, j'ai découvert ce phénomène en regardant mon bébé. À partir du présent joyeux de mon enfant, j'ai saisi la nature insaisissable de l'univers, de l'esprit et de la réalité telle que nous la connaissons. Quand j'ai besoin d'une perspective, quand j'ai besoin de m'apaiser, à travers ma respiration, je retrouve la relation consciente avec le sacré en me concentrant sur l'image de mon enfant. Auparavant, j'avais d'autres points de concentration, une image surgie pendant la méditation. En me centrant sur cette image, je sens quelque chose en moi, une sorte de franchissement et ma conscience change.

Quand je me débattais avec l'idée d'élever des poules, j'ai trouvé un centre stable en moi, où j'ai pu respirer et m'apaiser. Il y avait tant de choses contradictoires dans ma tête : j'allais avoir un bébé et c'était un substitut à ce vieux rêve qui me paraissait alors inatteignable… les voisins allaient se plaindre… Dans l'immobilité de l'instant, j'ai évacué tout cela. Dans le calme de cet espace, j'ai senti qu'il était possible d'élever des poules. Par la suite, quand j'hésitais sur les détails (et même après avoir eu les poussins), je revenais à cette tranquille certitude que tout était bien. Quelle image, quelle expérience vous introduit dans le Présent sacré ? Souvenez-vous d'un épisode, d'une personne, d'une sensation, d'une citation, de quelque chose qui vous a ouvert l'infini ? Ce peut être, par exemple :

- **Une sensation surgit pendant la prière ou la méditation.**
- **Une conversation nocturne avec un être cher.**
- **Une image ou quelque chose de plus grand que vous : le soleil levant, l'océan, la naissance d'un enfant.**
- **Un rêve que vous avez fait.**
- **Un moment où un animal vous est apparu soudainement, dans la nature ou en imagination.**
- **L'image de vos poules grattant, voyant le monde par vos yeux ou le doux contact de leur plumage.**

Ce point de passage peut être n'importe quoi. Même faire la vaisselle ! En entrant dans l'essentiel, vous ressentez un vertige, un passage dans votre ventre. Votre ego cède un peu. Vous respirez profondément et vous y êtes.

Prenez le temps de décrire ou de dessiner l'image ou la sensation qui constitue le point de passage. Mais souvenez-vous, ce n'est pas elle l'important – tuez le Bouddha ! – , c'est l'énergie, la sensation, la relation avec l'Infini. Alors que vous écrivez ou dessinez, de nouvelles strates se présentent. Votre relation avec vous-même et le monde s'approfondit, l'écriture vous aide à réfléchir.

LE FLEUVE DU TEMPS

L'esprit est insaisissable. Le temps est une illusion ou, du moins, un outil pour interagir avec le point unique de l'univers quantique. La matière est énergie et aussi un peu une illusion. De votre centre, contemplez ces idées. Quand elles s'affirment, vous découvrez la malléabilité du monde et que le « futur » n'est nullement une chose fixe vers laquelle nous nageons dans le fleuve du destin. Nous ne sommes pas le poisson, mais l'eau dans le fleuve du temps. Et nous aidons aussi à donner forme aux rives.

Je l'ai dit, je crois au pouvoir de la visualisation pour donner corps à notre réalité. J'y ai recours à travers le collage dans mon journal et par le dessin. J'écris mes intentions, je colle les photos de mes rêves, je dessine mes désirs. Cela m'aide à organiser mes pensées, à diriger mes intentions. J'ai prise sur la réalité, je suis prête à changer mes rêves en actions.

Depuis longtemps je rêvais de poules. J'ai peint mon enfant jouant avec. J'ai lu des livres, vu des photos de poulaillers.

L'esprit est insaisissable. Mais ce qu'il crée, ce que nous créons par le pouvoir de l'esprit, pose des dalles sur le chemin. Nous choisissons alors de suivre ce chemin et… nous arrivons.

L'esprit est insaisissable. Mais ce qu'il crée, ce que nous créons par le pouvoir de l'esprit, pose des dalles sur le chemin.

Le processus s'est ainsi déroulé pour les choses importantes de ma vie. Je les ai envisagées, j'en ai rêvé et je les ai rendues réelles. C'est la dialectique de la réalité. Le flux insaisissable se déploie, de l'instant à l'instant, mais on le modèle en chevauchant les vagues de l'insaisissable présent si l'on sait vers où gouverner l'embarcation. Il faut à la fois partir sur le chemin et guider celui-ci. On envisage un poulailler, on met de la paille dans le pondoir et on se recule, sachant que les œufs viendront, au bon vouloir des poules.

LA VOIE DES POULES

L'un de nos points de passage, l'un de nos centres à nous, éleveurs de poules, est de soigner nos animaux. Ce faisant, nous jetons une pierre dans la mare de la vie. Nous donnons forme aux rives de la vie par nos convictions et nos rêves, à travers cet acte simple qu'est notre élevage. Nous rencontrons la réalité de l'interdépendance ; nous comprenons que tout est interconnecté, des microbes dans le sol au Soleil dans le ciel et à la vie entre les deux. Tout est Esprit, même la simple poule.

Quand on tient une poule sur ses genoux ou que l'on a dans la main un œuf encore chaud, on expérimente profondément le pouvoir et l'importance de chaque particule de création. Bien que l'on se contente, en général, de simplement ramasser les œufs, puis de suivre les labyrinthes de la vie, chaque fois que l'on en tient un, tout frais, dans la main, on sent la pulsion du miracle de la vie. Appelons cela la Voie de la Poule.

La Voie de la Poule concerne un élevage de petite taille parce qu'elle désigne le désir de se montrer plus responsable vis-à-vis de la Terre, de notre alimentation, de notre communauté. La Voie de la Poule honore comme sacrés le sol et les vers et voit dans le jardin le microcosme de l'univers. Nous honorons la compassion, le développement durable et l'utilisation raisonnée des ressources. Certains d'entre nous ont l'espoir, certes utopique, que chacun, un jour, sache ce dont il se nourrit.

La Voie de la Poule est une expression imagée pour une pratique très importante, l'élevage des poules à une petite échelle, où la poule est distinguée et choyée. Cette pratique est un acte à la fois métaphorique et tangible qui nous conduit en tant qu'espèce à vivre de manière plus pacifique et plus humaine sur notre planète. L'élevage des poules marque une différence – dans le cœur et l'esprit, dans la vie d'autrui, pour les poules et pour la terre.

Que les œufs soient frais, les poules heureuses, l'herbe verte et vous tous sereins.

NOTES

1 Shunryu Suzuki, *Esprit zen, esprit neuf*, Seuil, 1997.

2 Susan Orlean, 'The It Bird: The return of the back-yard chicken', *The New Yorker*, 28 septembre 2009. 29.

3 Shunryu Suzuki, *Esprit zen, esprit neuf*, Seuil, 1997.

4 Karen Maezen Miller, *Momma Zen*, Boston: Trumpeter, 2007. 6.

5 Lynn Brunelle, *Yoga for Chickens*, San Francisco: Chronicle Books, 2004. 9.

6 Lynn Brunelle, *Yoga for Chickens*, San Francisco: Chronicle Books, 2004. 20.

7 E.B. White, 'The Hen (An Appreciation)', 1944. Extrait de *On Writing Well: The Classic Guide to Writing Nonfiction*, William Knowlton Zinsser, New York: Harper Collins, 2006. 26.

8 Clare W. Graves. Extrait de 'About Spiral Dynamics Integral' sur http://tinyurl.com/372yexd.

9 Yabukoji, *The Zen Master Hakuin: Selected Writings*, trad. Philip B. Yampolsky, New York and London: Columbia University Press, 1971. 164. http://www.io.com/~snewton/zen/onehand.html.

10 Shunryu Suzuki, *Esprit zen, esprit neuf*, Seuil, 1997.

11 Lynn Brunelle, *Yoga for Chickens*, San Francisco: Chronicle Books, 2004. 61.

12 'Using Chicken Manure as Garden Fertilizer', http://poultryone.com.

13 Matthew Fox, *A Spirituality Named Compassion: And the Healing of the Global Village, Humpty Dumpty and Us*, San Francisco: Harper & Row, 1979.154.

14 Herman E. Daly, 'Sustainable Economic Development: Definitions, Principles, Policies', *The Essential Agrarian Reader: The Future of Culture, Community, and the Land*, Norman Wirzba, Ed. Washington D.C.: Shoemaker & Hoard, 2004. 64.

15 Sayle, Carol Ann, 'Why Backyard Chickens are a Trend', *The Atlantic*, 18 mai 2009. http://tinyurl.com/362gwzr.

16 Chicken Diapers. MyPetChicken.com.

17 Charlotte Joko Beck, *Everyday Zen: Love and Work*, New York: Harper SanFransico, 1989. 89.

18 Charlotte Joko Beck, *Everyday Zen: Love and Work*, New York: Harper SanFransico, 1989. 77

19 Shunryu Suzuki, *Esprit zen, esprit neuf*, Seuil, 1997.

20 Froma Walsh, 'Human-Animal Bonds I: The Relational Significance of Companion Animals', *Family Process*, 2009.

21 Froma Walsh, 'Human-Animal Bonds I: The Relational Significance of Companion Animals', *Family Process*, décembre 2009, vol. 48, n° 4, 466.

22 Vince Devlin, 'Feathered Friends: Chickens trained by Polson woman to provide therapy', *The Missoulian*, 19 juin 2009. Sur http://missoulian.com

23 'Handicapped Chicken Contest', 11 avril 2009. Sur backyardchickens.com

24 Tarthang Tulku, *Openness Mind*, Berkley, CA: Dharma Publishing, 1978. 121.

25 Thich Nhat Hanh, *Peace is Every Step: The Path of Mindfulness in Everyday Life*, New York: Bantam, 1992. 26.

26 Thich Nhat Hanh, *Peace is Every Step: The Path of Mindfulness in Everyday Life*, New York: Bantam, 1992. 69.

27 John Welwood, *Love and Awakening: Discovering the Sacred Path of Intimate Relationship*, New York: Harper Perennial, 2006. xiii.

28 Cindy Anderson.

29 Soiku Sigematsu, trad. *Zen Forest*. Extrait de *Chop Wood Carry Water: A Guide to Finding Spiritual Fulfillment in Everyday Life,* Rick Fields et al., Los Angeles: Jeremy P. Tarcher, 1984. xi.

30 Rebecca Kneale Gould, *At Home in Nature: Modern Homesteading and Spiritual Practice in America*, Berkeley and Los Angeles: University of California Press, 2005. xviii.

31 Rebecca Kneale Gould, *At Home in Nature: Modern Homesteading and Spiritual Practice in America*, Berkeley and Los Angeles: University of California Press, 2005. 2.

32 Rebecca Kneale Gould, *At Home in Nature: Modern Homesteading and Spiritual Practice in America*, Berkeley and Los Angeles: University of California Press, 2005. xxi.

33 Joanna Macy, 'The Greening of the Self', *Ordinary Magic: Everyday Life as Spiritual Path*, Ed John Welwood, Boston: Shambhala, 1992. 270.

34 Cheryl Long and Tabitha Alterman, 'Meet Real Free-Range Eggs', *Mother Earth News*, octobre/novembre2007. Sur http://tinyurl.com/2ax2ury.

35 Cheryl Long et Lynn Keiley, 'Is Agribusiness Making Food Less Nutritious?', *Mother Earth News*, juin/juillet 2004. Sur http://tinyurl.com/32w2sw5.

36 'New research finds eggs are a superfood', British Lion Eggs. www.nutritionandeggs.co.uk.

37 Paul Pitchford, *Healing With Whole Foods: Oriental Traditions and Modern Nutrition*, Berkeley, CA: North Atlantic Books, 1993. 112.

38 Paul Pitchford, *Healing With Whole Foods: Oriental Traditions and Modern Nutrition*, Berkeley, CA: North Atlantic Books, 1993. 602.

39 Sheelaph Fox, 'How to Freeze Eggs for Winter Use,' *Mother Earth News*, août/septembre 2001. Sur http://tinyurl.com/2cjozq3.

40 'Science of Eggs', *Science of Cooking*. Sur http://tinyurl.com/262gynm.

41 Barbara J. Walker, 'Astarte', *The Women's Encyclopedia of Myths and Secrets*, New York: Harper San Francisco, 1983. 69-70.

42 George, Hildegard. (1999). 'The role of animals in the emotional and moral development of children', extrait de F. R. Ascione & P. Arkow (Eds.), *Child abuse, domestic violence, and animal abuse: Linking the circles of compassion for prevention and intervention* (383), Indiana: Purdue University Press.

43 Barbara Kingsolver, *Animal, Vegetable, Miracle: A Year of Food Life*, New York: Harper Collins, 2007. 95.

44 Roland F. Eisenbeis et George W. Dunne, 'Birds' Eggs, Their Size, Shape and Color', *Nature Bulletin N° 455-A*, Forest Preserve District of Cook County, 29 avril 1972. Sur http://tinyurl.com/39dlvah.

45 Hyemeyohsts Storm. De *Seven Arrows*. Extrait de *The Earth Speaks*, Eds. Steve Van Matre and Bill Weiler, Greenville, WV: The Institute for Earth Education, 1983. 29.

46 Extrait de Charlotte Joko Beck, *Every day Zen: Love and work*, New York: Harper San Fransico, 1989, 82.

47 Lynn McTaggart, *The Field: The Quest for the Secret Force of the Universe*, New York: Harper Collins, 2002. 164.

48 Ram Dass, *The Only Dance There Is*, New York: Anchor Books, 1974. 33.

49 Ram Dass, *The Only Dance There Is*, New York: Anchor Books, 1974. 31.

50 Ram Dass, *The Only Dance There Is*, New York: Anchor Books, 1974. 4.

51 Edgar Lee Masters, *Spoon River Anthology*, New York: MacMillan, 1967. 65.

52 Ram Dass, *The Only Dance There Is*, New York: Anchor Books, 1974. 6.

53 Pema Chödrön, *The Wisdom of No Escape: And the Path of Loving-Kindness*, Boston: Shambhala, 1991. 91.

INDEX

Abreuvoir 70
aliment 15, 16, 17, 26, 29, 30, 69, 83, 87, 93, 95, 97, 99, 100, 104, 107, 118, 137
AMAP 73
animal de compagnie 14, 17, 30, 31, 33, 39, 50, 52, 83
animal de production 38
animal de thérapie 51, 52, 55
antibiotique 18, 95, 97
apiculture 84
Australorp 19, 39, 124
Australorp noire 39, 124
azote 27, 43, 44

Bain de poussière 59, 95, 98
bien-être 14, 38, 50
blanc d'œuf 101, 104, 105, 108
brebis 83
bricolage 72

Calcium 98, 103, 104
canard 82, 103, 129
cannibalisme 93
caqueter 18, 31, 54
chèvre 63, 68, 83, 84, 129
choline 99
cloaque 113, 116
communauté 15, 22, 24, 60, 65, 66, 67, 68, 73, 75, 77, 84, 137
compassion 9, 14, 16, 24, 28, 29, 38, 52, 60, 65, 113, 116, 120, 126, 128-131, 133, 137
coopérative 85, 86
coq 26, 34, 36, 49, 51, 52, 91, 92, 115, 130
coquille 90, 96, 98, 100, 103, 104, 108, 119
cuisine ayurvédique 100

Déjection 74, 86, 102, 113
développement durable 10, 29, 137

Easter egger 19, 39, 40
eau 28, 59, 63, 66, 68, 69, 82, 85, 92, 96, 102, 105, 106, 135
échange 34, 38, 86, 100, 114
empreinte carbone 28, 29, 30, 63, 112
enfant 14, 16, 19, 26, 39, 50, 52, 55, 67, 69, 70, 75, 76, 79, 85, 86, 92, 113, 114, 115, 116, 119, 120, 121, 125, 128, 131, 133, 134
engrais 16, 26, 27, 43, 44, 95
épervier 53, 54

Fermier urbain 10, 18, 20, 25, 30, 66, 69, 75, 79, 101

Gaspillage 21, 66
gratter 11, 16, 18, 37, 41, 44, 46, 48, 59

Hara 81
Hathor 108

Insectes 6, 26, 37, 44, 46, 59, 95

Internet 7, 8, 20, 35, 66, 73, 76, 77, 79, 94

Jardin scolaire 85
jardinage 26, 29, 55, 66, 72, 75, 77, 84, 118
jardins partagés 73, 77, 85
jaune d'œuf 98, 104, 106, 108, 109, 112
journaux spécialisés 101

Label AB 96, 97
label Rouge 95
lait 83, 84, 99, 127
langage des oiseaux 11, 55
lapin 83, 90
lécithine 106
lumière 48, 55, 89, 93, 96, 97, 99, 101, 109, 110, 124, 127

Maison 6, 19, 20, 32, 38, 41, 42, 43, 64, 65, 67, 68, 69, 72, 73, 74, 75, 79, 80, 82, 116, 125, 131
maladie 26, 51, 74, 93, 108
mangeoire 70
méditation 10, 46, 47, 50, 52, 61, 64, 72, 74, 75, 79, 80, 109, 125, 126, 129, 132-134
de recentrage 132-134
miel 84, 86, 110
mode de vie 46, 61, 66, 69, 73

Nettoyage 40, 59, 69, 73, 74, 76, 102, 106, 108, 113, 129
nourriture 10, 17, 21, 26, 28, 33, 65, 66, 68, 69, 74, 76, 77, 80, 82, 85, 92, 94, 107, 112, 113
nuisibles 74, 86

Observation 8, 38, 46, 47, 50, 55, 56, 58, 61, 116
œuf 7, 8, 10, 14, 15, 16, 17, 18-21, 27, 30, 31, 34, 48, 49, 58, 59, 61, 69, 70, 71, 76, 82, 85, 86, 89, 91, 92-119, 126, 129, 136, 137
de Brahma 108
sans coquille 103
oméga-3 94, 99
Orpington Fauve 6, 19

Pâques 90, 95, 121
parasite 93
partage 55, 73, 77, 85-87, 118
permaculture 77
petit producteur 17, 30, 65, 66, 67, 72, 74, 75, 77, 78, 84, 101, 116
phosphore 98, 99
plexus solaire 109, 111
ponte 53, 59, 68, 93, 102, 110, 116, 119
potassium 98
poule de réforme 97
poule zazen 45, 46-48, 55, 56, 57
poussin 17, 18, 19, 27, 34, 38, 40, 54, 57, 66, 69, 70, 90, 92, 121, 130, 133
pratique spirituelle 9, 11, 29, 38, 46, 50, 52, 58, 59, 67, 125, 126

prédateur 20, 86, 93, 94
prière 125, 126, 129, 134
printemps 17, 21, 39, 40, 64, 75, 89, 90-91, 107, 115
production industrielle 10, 94, 113

Races 19, 47, 83, 84, 95, 99
ramassage des œufs 112-113
rats 74
règlements municipaux 20, 53, 82, 84,
reiki 39
respiration 10, 37, 47, 56, 72, 79, 80, 81, 109, 127, 132, 133
Rhode Island Rouge 19, 39

Salmonellose 86, 101
santé 14, 25, 52, 73, 74, 87, 92, 100
stress 38, 50, 96

Visualisation créative 79
vitamine A 94
vitamine B 99
vitamine B12 98
vitamine D 99, 99
vitamine E 94
vitellus 98

Yoga 129, 130

Zazen 45, 46-49, 55, 56, 57

Titre original en langue anglaise : Zen and the Art
of Raising Chickens
Traduction et adaptation française : Michel Beauvais
Suivi éditorial : Céladon éditions
Mise en pages-intérieur : Céladon éditions
Mise en pages-couverture : Laurent Quellet & Sebastian Mendoza
Illustrations : Belen Gomez

Première publication en 2010 par Leaping Hare Press (GB).

Imprimé en Chine par Reliance Printing.
Dépôt légal : août 2011
ISBN : 978 2 8153 0149 7
1re édition – n° d'édition : 49587